진격의 비야디

BOOK
JOURNALISM

진격의 비야디

발행일 ; 제1판 제1쇄 2024년 4월 15일
지은이 ; 고성호 발행인·편집인 ; 이연대
CCO ; 신아람 에디터 ; 김혜림, 이현구
펴낸곳 ; ㈜스리체어스 _ 서울시 중구 퇴계로2길 9-3 B1
전화 ; 02 396 6266 팩스 ; 070 8627 6266
이메일 ; hello@bookjournalism.com
홈페이지 ; www.bookjournalism.com
출판등록 ; 2014년 6월 25일 제300 2014 81호
ISBN ; 979 11 93453 20 9 03320

북저널리즘은 환경 피해를 줄이기 위해
폐지를 배합해 만든 재생 용지 그린라이트를 사용합니다.

BOOK
JOURNALISM

진격의 비야디

고성호

비야디의 신에너지 차량은 중국 중저가 내연 차량의 잠재 고객을 유치해 점유율을 높였다. 반면 테슬라는 벤츠, BMW, 아우디 등 고가 내연 차량의 점유율을 빼앗으며 성장했다. 그간 시장에서 서로 경쟁할 일이 적던 두 기업이 맞붙기 시작한 것은 신에너지차가 선택이 아닌 필수로 자리 잡아 가는 국제적인 흐름과도 관련이 있다. 각자 포지셔닝한 시장을 넘어 전방위적인 전환이 일어나고 있기 때문이다.

차례

세계 최대 전기차 시장은 어디일까? 중국이다. 2022년 미국에서 고작 80만 대의 전기차가 판매될 때 중국에선 536만 대가 팔렸다. 전년 대비 81.6퍼센트가 늘어난 수치다. 엄청난 성장률을 고려하면 테슬라Tesla가 왜 이렇게 중국에 공을 들이는지 짐작할 수 있다. 언론들이 '중국의 전기차 굴기'라고 표현하는 건 과장이 아니다.

'굴기崛起'는 '우뚝 솟아 일어난다'는 의미다. 중국의 숱한 산업에 쓰인 수사이지만 전기차만큼 이 단어에 적합한 건 없다. 전 세계가 반도체와 더불어 첨예하게 보호 무역주의로 맞붙는 이 산업을 논하려면 중국을 알아야 한다. 이 책은 그 최전선에 서 있는 한 기업에 대한 얘기다.

물론 시장의 크기와 기업 경쟁력은 별개다. 중국은 1978년 개혁 개방 이후 지난 40여 년간 미국, 유럽, 일본, 한국을 비롯한 외국 자동차 기업에 내수 시장을 내줬다. 내연 차량의 시대, 중국은 완성차 부문에서 웃지 못했다. 그런데 이 구도에 변화가 생기고 있다. 중국 토종 기업들의 반격이 시작된 것이다.

지난 2023년은 중국 자동차 시장에서 역사적으로 특별한 해였다. 중국자동차공업협회中国汽车工业协会의 통계에 따르면 2023년 중국의 승용차 판매는 3009만 4000대에 달해 최초로 3000만 대 고지를 뚫었다. 또한 중국자동차기술연구

센터中国汽车技术研究中心에 따르면 2023년 비야디BYD가 글로벌 강자인 폭스바겐(230만 대, 점유율 10.3퍼센트)을 제치고 처음으로 중국 내수 판매량 1위(240만 대, 점유율 11퍼센트)에 올라섰으며 중국 토종 자동차 메이커의 시장 점유율이 55.9퍼센트로 처음으로 절반을 넘었다. 그뿐 아니다. 신에너지 차량 판매량은 지난해보다 30퍼센트 이상 증가해 900만 대를 초과했고 수출은 491만 대에 달했다. 중국은 처음으로 일본을 제치고 자동차 최대 수출국이 됐다.

중요한 점은 최근 중국 기업의 폭발적인 성장과 선전이 신에너지 차량[2]의 시대와 맞물려 불고 있다는 점이다. 신에너지는 기존의 화석 연료가 아닌 대체 에너지를 말한다. 수소, 전기, 하이브리드 차량 등이 신에너지 차량에 해당한다. 이 미래 시장에서 명실상부 1위 기업으로 알려진 것은 테슬라지만 지금부터 말하게 될 것은 이 인식을 크게 뒤흔들 것이다.

2022년 비야디는 186만 대 이상을 팔아치우며 중국 토종 기업 및 단일 브랜드 중 판매량 1위를 달성했으며, 2023년에도 2022년보다 61퍼센트 이상의 엄청난 성장세를 보이며 302만 4400대를 판매했다. 이로써 비야디는 전 세계 신에너지 차량 판매량 1위 자리를 다시 한 번 지켜 냈다.

물론 플러그인 하이브리드 차량을 제외한 순수 전기차(BEV)의 왕관은 아직 테슬라의 차지다. 범위를 전기차로만 좁히고 글로벌 시장 전체로 보면 2022년 테슬라가 131만 대를 판매해 91만 대를 판매한 비야디보다 앞섰다. 그러나 비야디는 2023년은 한 단계 더 테슬라의 왕좌에 근접했다. 전체 판매량으로 따지면 비야디의 판매량은 이미 테슬라의 두 배에 근접하는 수준이다. 다만 여전히 순수 전기차만 따지면 157만 4800대를 판매하며 테슬라의 180만 8600대에 못 미쳤다. 그러나 2023년 4분기만 비교하면 비야디는 52만 대를 판매하여 전기차마저도 49만 대를 판매한 테슬라를 추월했다. 2024년에도 이 기세가 지속된다면 전기차 시장의 왕좌마저도 비야디의 차지가 될 것이다.

완성차 시장에서의 외형적인 성장만이 다가 아니다. 중국 기업은 최근 신에너지 차량의 핵심 부품인 배터리 분야에서도 위세가 대단하다. 중국 배터리 기업에서 많이 쓰는 LFP(리튬·인산·철) 배터리는 한국에서 주로 제조하는 삼원계(NCM, 니켈·코발트·망간) 배터리에 비해 에너지 밀도가 낮아 시장에서 점점 퇴출당할 것으로 예상했으나 오히려 점유율이 상승하며 시장의 흐름을 바꾸고 있다. 테슬라는 자사의 장기 경영 계획인 '마스터 플랜Master Plan 파트 3'에서 전 세계인이 모두 전기차를 탄다면 향후 LFP 배터리가 61퍼센트의 점유율을 차지할 것이라 밝히기도 했다.

비단 미래의 일이 아니다. 2023년 4월 대외경제정책연구원(KIEP)의 중국 LFP 배터리 공급망 분석에 따르면 2018~2020년 사이 삼원계 배터리의 전기차 점유율은 약 60퍼센트 전후를 유지했으나 2021년 LFP 배터리가 점유율 52퍼센트로 첫 역전을 하더니 2022년 점유율 62퍼센트를 기록하며 격차가 더 커졌다. 이는 중국 내 신에너지 차량 시장이 급성장하며 생긴 변화다. 2022년 SNE 리서치 발표 기준 중국을 제외한 글로벌 시장에서는 한국 배터리 3사의 점유율 합계가 53.4퍼센트로 한국이 우위를 차지했다. 하지만 LFP 배터리 점유율의 심상치 않은 상승세에 한국 기업이 오히려 위기감을 느끼고 LFP 배터리 연구·개발 및 상용화 제품을 발표하고 있으며 한국 정부에서도 이를 적극 지원하고 있다.

최근 SNE 리서치 발표에 따르면 2023년 1~12월 글로벌 전기차용 배터리 점유율에서 비야디는 CATL의 36.8퍼센트에 이어 15.8퍼센트를 기록하여 작년 3위에서 2위로 올라섰다. 따라서 중국은 CATL, 비야디, CALB, EVE 등 총 여섯 개 기업이 글로벌 10대 배터리 업체에 포함됐으며 이들의 합계 점유율은 63.5퍼센트에 달했다. 중국이 전 세계 배터리 시장의 60퍼센트 이상을 차지하고 있는 것이 현실이다.

중국은 어떻게 소리 소문도 없이 전 세계 신에너지 차량과 관련 핵심 부품 시장을 주름잡게 되었을까? 중국이 개혁개방 이후 내수 시장을 내줄 수밖에 없던 것은 엄청난 기술적 격차 때문이다. 서방은 100년 이상의 기술력을 가진 내연 기관(엔진), 변속기 및 차량 플랫폼 등을 내세워 중국 시장을 지배해 왔고 중국은 핵심 기술의 격차를 좁히는 데 한계를 느끼게 된다. 기후 변화와 함께 친환경 차량의 바람이 불자 중국은 내연 차량 대신 신에너지 차량 분야에서 승부를 보는 것으로 방향을 전환한다. 다양하고 정교한 보조금 정책 및 세금 감면으로 해당 산업을 타깃 육성하고 소비자에게도 신에너지 차량 구매를 적극적으로 권장했던 결과가 지금 드러나고 있는 것이다.

이 과정에서 가장 직접적인 수혜를 본 기업 중 한 곳이 바로 광둥성 선전시에 본사를 둔 비야디다. 정부 지원, 연구·개발을 통한 상품성 제고, 원가 절감으로 얻은 가격 경쟁력 및 브랜드 이미지 개선에 힘입어 비야디는 2022~2023년 연속으로 눈부신 성장을 기록했고 2024년의 판매 실적은 더 좋아질 전망이다.

이 책에선 신에너지 차량의 최강자 중 한 곳으로 떠오르고 있는 비야디가 어떤 기업인지, 주요 사업 및 발전 과정을 소개한다. 특히 '배터리 인간'으로 불리는 창업자 왕촨푸王传福에 대해서 알아보고 판이한 성격의 라이벌 기업인 테슬라와의 경쟁에서 비야디의 강점과 약점을 분석한다. 이를 통해 향후 신에너지 차량 분야의 발전 방향을 가늠해 보고 관련 분야 한국 기업의 기회를 모색한다.

1 비야디의 탄생

중국의 특별한 신생 도시, 선전

비야디를 이야기하려면 선전을 빼놓을 수 없다. 중국 남부의 광둥성广东省에 소재한 선전深圳은 중국 내 최고 중점 지역으로 분류되는 네 곳의 1선 도시(베이징, 상하이, 광저우, 선전) 중에서도 매우 특별한 지역이다.

중국 여러 왕조의 수도 혹은 거점 도시로 운영돼 유구한 역사를 지닌 다른 세 곳의 1선 도시와 다르게 선전은 본격적으로 발전이 시작된 역사가 매우 짧다. 물론 과거에도 존재하긴 했으나 1978년 즈음부터 당시 국가 주석인 덩샤오핑이 개혁 개방의 필요성을 외치며 비로소 주목받기 시작했으므로 고작 40여 년의 역사를 가진 신생 계획 도시다.

그래서 1700만 명의 선전 인구 중에 고향이 선전이 사람은 거의 찾아보기 힘들다. 중국 전역에서 수많은 사람이 선전으로 유입돼 이민자의 도시가 됐기 때문이다. 이런 연유로 선전의 캐치프레이즈 중 하나가 바로 '선전에 오면 바로 선전 사람来了就是深圳人'이다. 대부분 인구가 이민자로 구성돼 광둥성임에도 불구하고 광둥어(Cantonese)보다 베이징 표준어(Mandarin)로 먼저 대화가 시작되는 곳이기도 하다.

선전이 특별한 것은 텐센트, 화웨이, DJI, 비야디, 핑안 보험을 비롯한 수많은 중국의 대표 민영 기업의 본사가 선전에 소재하기 때문이다. IT, 전자 관련 하이테크 제조업, 선전

증권거래소와 관련된 각종 금융업 그리고 수많은 스타트업의 중심지로서 선전은 미래를 사는 도시라 할 만하다. 도시 전체 인구의 평균 연령도 33세에 불과하다. 이렇게 젊은 도시지만 이미 2020년에 1인당 GDP가 3만 달러를 넘었을 정도로 소득과 소비는 중국 내 최고 수준이다.

최초의 개혁 개방이 이뤄진 경제특구답게 정책의 테스트베드 역할도 충실히 하고 있다. 중국의 각종 최신 정책들은 선전에서 시작해 본 후 다른 지역으로 확산한다. 1990년 중국 본토 최초의 증권 거래소가 선전에 문을 열었고, 2020년 세계 최초로 국가 법정 화폐를 전산화해 스마트폰 전자 지갑에 넣게 만든 '디지털 위안화' 역시 선전을 비롯한 몇 개 도시에서 시범적으로 시행된 바 있다. 이런 이유로 선전은 '중국의 실리콘밸리'로 불린다. 선전 시민은 물론이고 다른 지역 사람들도 선전을 혁신적이고 실험적인 개방 도시라고 생각한다. 처음부터 계획적으로 홍콩을 대체하고자 선전을 육성한 중국 정부 입장에서 이곳은 중국 특색 사회주의의 가장 좋은 예시이자 자랑이라고 할 만하다.

이러한 선전에 또 한 가지 눈에 띄는 특징이 있으니 그 것은 다른 중국 도시에 비해서 공기가 무척 깨끗하다는 것이다. 겨울철 극심한 미세 먼지와 황사로 수백 미터 앞도 분간 안 되던 2010년대 초반에 비해 중국 전역의 공기가 전반적으로 개선된 것도 있지만 여전히 타 도시를 갔다가 돌아오면 선전 공기는 확실히 냄새부터 다르다. 연료가 불완전 연소하며 방출되는, 중국 도시 특유의 매캐한 매연 냄새가 거의 나지 않는다.

지리적으로 거의 중국 최남단에 있는 선전은 홍콩과 바로 인접해 있어 날씨가 거의 동남아 수준이다. 1년에 반 이상은 평균 기온이 30도 이상일 정도로 무덥고 비가 많이 오는 여름철의 우기에는 날씨가 전반적으로 흐리다. 그렇지만 이때를 제외하면 선전의 날씨는 늘 맑고 푸르다. 더운 날씨임에도 새파란 하늘과 새하얀 구름을 보고 있으면 무척이나 기분이 좋아진다. 가끔은 여기가 진정 중국인가 싶을 정도다.

왜 갑자기 뜬금없이 날씨와 미세 먼지, 공기 이야기인가 싶지만 선전의 깨끗한 공기는 느낌상 절반 이상은 신에너지 차량 덕분인 듯하다. 선전 길거리에 나다니는 차량 중에 언뜻 봐도 3할 이상은 신에너지 차량이다. 참고로 중국의 신에너지 차량은 번호판이 녹색으로 파란색의 일반 차량 번호판과는 다르다. 한국의 친환경 차량의 번호판이 파란색인 것과 유사하다.

도시 밖에서 불어오는 미세 먼지에는 선전도 속수무책이지만 도시 내에서만큼은 확실히 오염 물질의 배출 자체가 훨씬 적다. 주말에 자전거를 타고 왕복 8차선 대로 옆을 지나

다녀도 확실히 한국 대로변의 공기 질보다 훨씬 낫다는 것을 알 수 있다. 마스크를 쓰고 있어도 깨끗함이 느껴질 정도다. 전기차가 많다 보니 자동차 매연이 절반도 안 되는 듯하다. 반대로 내연 기관을 달고 다니는 차량에서 뿜어 대는 매연이 공기를 얼마나 악화시켰는지 온몸으로 체감할 수 있다.

이와 동시에 눈길을 사로잡는 것이 있다. 바로 선전시 모든 택시가 하늘색 바탕에 흰색이 조합된 완전히 동일한 차종이라는 점이다. 택시는 물론이고 공공 버스까지 모두 전기차로 운영되고 있는데 해당 택시와 버스 차량의 대부분을 제조하고 납품한 기업이 바로 중국 신에너지 차량의 선두 주자 비야디다. 선전과 중국 정부의 사랑(자금 지원 및 각종 혜택)을 듬뿍 받은 비야디는 선전과 함께 컸다. 선전의 미세 먼지 저감 정책과 동행했기 때문이다.

선전 블루를 이끄는 비야디

이런 선전의 깨끗하고 맑은 공기는 비단 나만 느끼는 것이 아니었다. 2021년 6월 7일 선전위성TV뉴스深圳卫视深视新闻는 선전 공기가 좋다는 대명사인 '선전 블루深圳蓝'에 대해서 본격 탐구하는 보도[3]를 냈다.

해당 보도에 따르면 2020년 기준 선전의 공기는 365일 중 355일간 양호한 공기 질을 나타냈다. 1년 중 공기가 깨끗한 날이 97퍼센트나 되는 것이다. 2.5마이크로미터㎛의 초미세 먼지 농도를 표현하는 PM(particulate matter) 2.5 농도는 2022년 기준 입방미터당 16마이크로그램㎍수준으로 낮아 중국 내 대도시 중 1위다. 같은 기간 상하이는 25마이크로그램, 베이징은 30마이크로그램으로 나타났다. 중국 특유의 과장이 섞였을 수 있겠지만 선전 거주민으로 느끼기에 공기는 확실히 좋다. 참고로 스위스의 공기질 감시 및 기술 업체인 아이큐에어IQAir에 따르면 2022년 서울의 초미세먼지 평균 농도는 19.7마이크로그램이었고 선진국 중에서는 핀란드가 5.5마이크로그램으로 가장 공기질이 좋았다.

이런 선전도 늘 공기가 좋았던 건 아니다. 2004년 기준으로는 미세 먼지 위험 일수가 연간 187일에 달할 정도로 공기가 좋지 않았다. 2018년부터 본격적으로 선전시는 '선전 블루'를 위한 행동에 들어갔다. 기존 공장들에 대한 오염 배출 규제와 더불어 오염 산업을 퇴출시키는 등의 산업적 구조 조정을 진행했다. 자동차 분야에서도 선전시는 '2018년 선전시 신에너지 자동차 보급 응용 재정 지원 정책'을 발표해 2018년 6월 12일부터 2018년 12월 31일 사이 출시된 연료전지 차량에 대해 승용차는 한 대당 20만 위안, 소형 여객차 및 화물차는 한 대당 30만 위안, 대형 여객차 및 중대형 화물차는 한 대당 50만 위안의 보조금을 지원했다.

선전 시내 어디서나 보이는 핑안보험 본사 건물과 선전의 맑은 하늘

이런 적극적인 보조금 정책과 더불어 선전시는 대대적으로 대중교통을 전기차로 교체하기 시작해서 2018년경부터 모든 시내 버스를 전기차로 운영하기 시작했다.

2022년 선전 국제 저탄소 발전 포럼에 참석한 탄웨이중覃伟中 선전시 부서기 겸 선전 시장에 따르면 2022년 12월 기준으로 선전에 등록된 신에너지 차량은 총 74만 대다. 중국 내 도시뿐 아니라 전 세계로 확대해도 선두 주자다. 또한 2022년 기준 선전의 신에너지 차량 침투율[4]은 무려 57퍼센트에 달하고 당해 새롭게 등록된 신에너지 차량만 22만 대에 이른다.

2020년에만 해도 39만 7000대였던 신에너지 차량 등록 대수가 불과 2년 만에 두 배 가까이 급증한 것이다. 시장에서 예상한 것보다도 훨씬 빠른 속도로 신에너지 차량이 증가하고 있다. 선전시는 2025년까지 신에너지 차량 보유량을 130만 대까지 올려 신에너지 차량의 교통 분담률을 81퍼센트까지 늘릴 것이라고 밝혔다. 2022년 11월 선전시 정부 발표에 따르면 선전에 등록된 총 차량 대수는 397만 6600대로 신에너지 차량이 약 18.6퍼센트를 차지한다고 볼 수 있다.

현실은 정책을 상회한다. 그야말로 길거리에서 발에 차이는 게 신에너지 차량이다. 차량 호출 어플인 중국판 우버 Uber 디디추싱을 불러도 항상 전기차가 왔고 택시와 버스도 전기차였다. 체감상 전기차 비율이 최소 30~40퍼센트 이상일 것으로 예상했으나 실제 수치가 20퍼센트도 안 되는 점이 오히려 놀라웠다. 여전히 다수를 차지하는 개인용 내연 기관 차량은 어딘가 주차장에 세워져 있을 가능성을 생각 못 한 것이다. 영업용 차량이 일반적으로 평균 주행 거리가 훨씬 기므로 선전의 영업용 차량이 대부분 신에너지 차량이라는 것은 공기 질 개선에 기여하는 바가 더 클 수밖에 없다.
선전시는 지속적으로 선전 블루를 지켜 나가기 위해서《"선전 블루"의 지속 가능한 행동 계획(2022~2025년)》을 발표해 탄소 배출 저감 및 신에너지 차량 확대를 추진해 나가는 중이다. 비야디를 비롯한 신에너지 차량 기업은 이 계획의 핵심이다. 시 정부와 기업 간 협업의 중심엔 비야디가 있다. 선전이 이토록 비야디를 아껴 주니 비야디 역시 선전에 대한 사랑이 남다르다. 비야디의 창업자 왕촨푸는 늘 "선전이 없었다면 비야디도 없었을 것"이라고 언급하면서 선전의 지원에 감사를 표하곤 한다.

선전에는 텐센트, 화웨이를 비롯한 수많은 중국의 대표적 기업들이 즐비하지만 비야디야말로 선전과 가장 애틋한 관계를 맺은 기업이 아닐까 하는 생각이 들 정도다.

비야디의 수상한 포트폴리오

비야디, 이름부터 심상치 않은 기업이다. 어떤 말 못 할 사연이 있길래 이런 이름이 붙었을까 싶지만 예상외로 중문으로도 별다른 뜻이 없고 그렇다고 다른 외국어의 뜻이 있는 것도 아니다.

2022년 방송 인터뷰에서 왜 기업명을 비야디로 지었는지에 대한 물음에 창업자 왕촨푸는 이렇게 대답했다. "선전에는 기업이 무척 많아서 두 글자의 기업명은 통과가 쉽지 않았다. 애초 지으려고 했던 다섯 개의 기업명은 이미 다른 기업이 등록을 마친 상황이었다. 그래서 할 수 없이 세 글자의 이름을 짓기로 했고, '비야디' 같은 다소 특이하고 이상한 이름이 (정부 심사를) 더 쉽게 통과할 수 있었다."

이 '중국식도 아니고 외국어도 아닌(不中不洋)' 이상한 이름의 기업이 점점 더 성장하자 여러 가지 의미로 이름을 포장할 필요성이 생겼다. 그래서 비야디의 이니셜인 'B-Y-D'에다가 좋은 의미를 열심히 찾고 붙여넣어서 지금의 "Build Your Dreams"가 된 것이다. 왕촨푸 본인도 기업명을 정부 심사에 통과하기 쉽게 지은 것이 우스울 때가 있었는지 여러 자리에서 "사실 BYD는 'Bring Your Dollar'의 약자"라며 좌중 분위기를 부드럽게 하는 농담을 했다고 한다.

테슬라를 위협하는 비야디지만 현재 비야디는 자동차 외에도 다양한 포트폴리오가 있다. 주요 사업 분야를 살펴보면 도대체 이 기업의 정체가 뭔지 더욱 궁금해질 것이다.

비야디의 주요 사업 분야
• 자동차 분야에서 전장 부품, 센서, 배터리, 전력 반도체 및 파워트레인 등을 수직 계열화하여 모두 자체적으로 제조 가능한 신에너지 차량 메이커
• 배터리를 포함한 여러 자동차 부품을 타 부품사와 타 완성차 메이커에 납품하는 1차 공급 업체
• IT 전자기기 부품 및 스마트폰 OEM 제조
• 모노레일 제작, 신에너지 사업, 대용량 저장 장치(ESS) 및 마스크 제조 등의 기타 사업 분야

자동차와 배터리, ESS 등은 전기차 사업자라면 충분히 진출할 만한 분야지만 테슬라가 스마트폰과 마스크까지 만든다고 생각하면 어쩐지 이상할 것이다. 사업 분야가 다양하긴 하지만 어쨌든 전체를 관통하는 한 가지는 바로 '생산'이다. 비야디 소속 직원은 총 57만 명으로 그중 생산 인력이 44만 2000명을 차지하여 대다수를 이루고 있다. 기술 인력이 7만 6000명, 행정 인력이 2만 5000명, 영업 인력이 2만 4000명으로 뒤를 잇는다. 이처럼 생산직이 대다수를 차지하기에 석사 이상 인력은 1만 1000명, 대졸자 6만 5000명, 전문대졸 이하가 49만 3000명이다.

그렇다면 사업 분야별 매출 구조는 어떨까? 2023년 매출액 기준으로는 자동차, 자동차 부품 및 기타 상품이 80.27퍼센트, 전자·스마트폰 부품, 조립 등이 19.68퍼센트를 차지하고 있다. 우리 돈으로 환산 시 전체 약 111조 원 규모의 매출을 보여 주고 있다. 이는 2022년 대비 약 42퍼센트 증가한 수치다. 자동차 관련 분야의 매출은 2022년 대비 48.9퍼센트 증가했다.

비야디의 수상한 포트폴리오를 살펴보는 이유는 이 속에 비야디의 저력이 숨어 있기 때문이다. 한국의 대기업 한화가 원래 '한국 화약'의 준말이며 이것이 한화가 방산 분야에 강한 이유라는 점을 아는 이는 드물다. 그렇다면 비야디는 원

2022~2023년 비야디 매출 구조

	2023년		2022년		증감
	금액	매출액 비중	금액	매출액 비중	
매출액 합계	602,315	100.0%	424,060	100.0%	42.04%
제품 구분					
휴대폰 부품, 조립 및 기타 제품	118,576	19.68%	98,815	23.30%	20.00%
자동차, 자동차 관련 제품 및 기타 제품	483,453	80.27%	324,691	76.57%	48.90%
기타	283	0.05%	554	0.13%	-48.92%

* 출처: 2023년 비야디 연간 보고서(2024년 3월 26일 발표), 단위: 100만 위안

래 무엇을 하던 기업일까? 2023년 기준으로는 완성차 판매 및 자동차 부품의 매출액 비중이 80퍼센트를 초과해 자동차 기업이라는 이미지가 강해졌지만 비야디는 원래 배터리를 만들던 기업이다. 중국 사람들조차 이 사실을 모르는 경우가 많다.

2000년대 초 비야디 주식회사에서 매년 발표하는 연간 보고서의 주요 매출 현황 부분에서 가장 앞에 자리 잡고 있던 것은 배터리 사업이다. 이제 각각 자동차 부품 및 스마트폰 제

조 범주로 포함돼 별도로 표기조차 되지 않고 있지만 배터리 사업은 여전히 비야디의 핵심 경쟁력이자 모든 사업군의 출발점이라는 측면에서 상당히 중요하다.

배터리 신화와 스마트폰 팩토리

비야디의 탄생 시점으로 돌아가 보자. 20세기 말만 하더라도 파나소닉, 산요, 소니 등의 일본 기업이 배터리 시장을 꽉 잡고 있었고 선전에 자리 잡은 많은 중국 기업도 서서히 산짜이(山寨·모조품) 제조에 필요한 기술력을 쌓아 가고 있던 시절이었다. 대부분의 중국 기업은 기술력 위주의 생산이 아니라 단순 조립에 머물러 있는 상태였다.

비야디 역시 초창기에는 배터리 생산 설비도 제대로 갖추지 못했다. 그런데 생산력을 갖추는 과정에서 비야디는 엉뚱한 선택을 한다. 당시 많은 중국 기업처럼 큰 비용을 들여서 해외 기술 도입 및 대량 자동 생산 설비를 도입하기보다는 반자동 개인 제조 설비를 개발하는 데 심혈을 기울인 것이다. 비싼 배터리 제조 원가를 중국의 값싼 인건비를 활용하여 노동집약적으로 변화시킨 것이 초창기 비야디 배터리 사업의 특징이다.

자동화된 기계 생산 설비 대신 확충된 건 여러 명의 인력이다. 비야디는 이 같은 프로세스를 통해 당시 고작 100만

여 위안을 들여서 배터리 생산 설비를 구축해 냈다. 이는 비야디의 생산 제조 원가를 크게 절감할 수 있던 원동력이다. 다만 인력으로 하는 일이다 보니 프로세스상 불가피한 불량률이 문제였다. 비야디는 인적 교육 및 훈련을 강화하고 별도로 개발한 작업 도구를 활용하는 등 이를 힘겹게 극복해 나간다.

비야디 초기의 주요 분야는 니켈카드뮴, 리튬이온, 니켈수소 등을 활용한 이차전지(재충전용) 개발 및 제조였다. 아무래도 기존의 강자인 일본 기업보다 기업 인지도와 기술력에서 한참 밀리기 때문에 비야디는 최대한의 성능 개선과 함께 생산 원가 절감에 치중해 평균적으로 일본 제품보다 약 40퍼센트 이상 저렴한 가격을 시장에 선보였다.

일본 기업과 가격 전쟁에 나선 비야디는 엄청난 가성비 제품으로 시장 점유율을 높여 나간다. 비야디와 관련한 중국 서적과 각종 언론 및 뉴스 사이트에서는 당시 비야디가 가격만 저렴했던 게 아니라 배터리 성능도 일본 기업을 능가했다고 하는데, 제삼자의 입장에서 보면 그 부분의 신빙성은 상당히 떨어진다고 보인다.

설립 첫해인 1995년 하반기에 비야디는 당시 대만의 최대 휴대폰 제조사인 타이완 '따빠그룹台湾大霸集团'에게 자체적으로 개발한 배터리의 샘플 테스트를 맡겼는데 상당히 괜찮은 품질과 저렴한 가격으로 따빠의 관심을 집중시켰다.

그해 말 따빠는 배터리 공급처를 기존에 맡기던 일본의 산요에서 비야디로 전환한다. 위에서 언급한 바와 같이 가격적 메리트와 기본적인 성능이 당연히 가장 크게 작용했을 것이다. 이런 식으로 비야디는 점차 자체 휴대폰 배터리 사업을 확장해 나갔다. 1997년에는 리튬 이온 전지 등으로 배터리 생산 범위를 넓혀 나가기 시작했다.

당시 비야디에는 천운도 따랐다. 1997년에 한국을 비롯한 전 아시아에 불어닥친 금융 위기, 'IMF 사태'로 경제 상황이 최악으로 치닫자 휴대폰의 수요도 급감했다. 당연히 배터리 수요도 바닥을 쳤고 배터리 가격도 곤두박질쳤다. 비야디의 경쟁사인 여러 일본 배터리 기업은 주문량 감소에 따른 생산 시설 유지 등에 막심한 영업 손실과 경영 애로를 겪는다. 그러나 애초부터 일본 기업보다 40퍼센트 이상 낮은 생산 원가를 유지하던 비야디는 이 상황을 버텨 낼 수 있었다. 외환위기가 마무리되고 다시 경제가 회복세를 탈 즈음, 늘어난 배터리 수요의 수혜는 비야디를 향하고 있었다. 필립스, 파나소닉, 소니 등을 비롯한 유수의 글로벌 IT 전자 기업은 당시 무명소졸에 불과하던 배터리 제조사 비야디에 러브콜을 보낸다.

이렇듯 고작 창업 2년 만에 연 매출 1억 위안 이상을 올리는 중견 기업으로 단번에 올라선 비야디는 이후 3년간 매년 무려 100퍼센트 이상의 성장을 기록한다. 창립 3년 만인 1998년에는 니켈카드뮴 배터리 분야에서 전 세계 시장 점유율 40퍼센트를 달성한다. 결정적으로 2000년에는 모토로라, 2002년에는 노키아의 리튬이온 배터리 공급사로 선정되기에 이른다. 이런 대규모 실적을 바탕으로 비야디는 전 세계 2위의 휴대폰 배터리 제조 업체로 올라선다.

2002년 7월은 비야디에게 잊을 수 없는 달이다. 당시 기업 공개 최고가 기록을 새로 쓰면서 홍콩 주식 시장에 상장까지 되는 기염을 토했다. 그리고 대망의 2003년, 드디어 일본 산요의 배터리 시장 점유율을 넘어서며 왕촨푸는 중국 내에서 '배터리 왕'으로 불리게 된다. 그 후 시간이 흐르며 비야디 배터리 사업 분야는 스마트폰 분야뿐 아니라 자사의 전기차에 들어가는 차량용 배터리로 점차 발전했고 2018년에 최초로 자사가 아닌 동펑자동차东风汽车에 차량용 배터리를 납품했다.

비야디는 배터리로는 이미 정점을 찍었고 배터리만으로도 충분히 먹고살 수 있는 기업이 됐다. 그러나 왕촨푸는 여기서 멈추지 않았다.

비야디는 휴대폰 배터리를 만들던 제조 역량을 바탕으로 휴대폰 단말기 부품 제조 분야에 진출해 큰 성과를 보였다. 비즈니스 기회에 대한 왕촨푸의 동물적 감각이 빛을 발했다.

휴대폰 비즈니스가 향후 중국에서 한동안 크게 뜰 것으로 판단해 진입을 결정한 것이다. 2000년 초반부터 중국에서는 휴대폰 보급이 급속도로 이뤄지고 있었기에 비야디는 기존의 휴대폰 배터리 고객사인 휴대폰 제조사를 대상으로 다양한 휴대폰 부품을 공급하기 시작했다. 휴대폰 관련 플라스틱, 케이스 등의 휴대폰 금형 제품, 강화 유리, 키보드, 액정 모듈 등이 그 대상이었다. 휴대폰 외산 제조사인 모토로라, 노키아, 삼성, 소니에릭슨, 교세라 및 중국 기업인 화웨이, ZTE 등이 비야디의 휴대폰 부품을 썼다.

이 휴대폰 부품 사업은 2005년 전까지 비야디 매출의 가장 큰 부분이던 배터리를 밀어내고 2006년부터는 3년간 비야디의 주력 부문을 차지했다. 그야말로 성공적인 사업 확장이었다.

여기에서 놀라운 사실 하나를 발견할 수 있다. 사람들은 잘 모르지만 비야디는 스마트폰 등의 전자 제품 위탁 생산 기업(EMS·electronic manufacturing service)으로 애플의 생산 공장으로 유명한 폭스콘에 버금가는 세계 2대 기업이라는 것이다. 실제로 폭스콘이 소화 못 하는 애플의 물량, 혹은 애플이 전량을 폭스콘에 맡기는 것을 피하고자 의도적으로 타 기업으로 배분한 생산 물량을 비야디에서 일부 제조 및 납품하고 있다. 2020년대 애플 아이패드 프로의 10~20퍼센트, 아이폰의 생산량 일부를 비야디 일렉트로닉스가 납품했다. 또한 비야디 일렉트로닉스는 2023년 8월 미국 전자 부품 회사이자 애플 공급 업체인 자빌의 중국 사업을 158억 위안(2조 8050억 원)에 인수한 바 있다. 이는 당연히 애플 공급을 늘리기 위한 행보로 해석된다.

애플은 이미 2010년부터 비야디의 주요 고객 중 하나였다. 배터리는 당연하고 그 외 각종 휴대폰 및 아이패드 등의 부품을 납품하고 있었다. 비단 애플뿐만이 아니라 중국 기업인 화웨이, 샤오미 그리고 심지어 삼성전자의 스마트폰도 비야디에서 일부 개발 및 생산했다. 참고로 삼성전자 역시 2016년 비야디의 1.9퍼센트 지분을 약 5000억 원에 인수한 비야디 주주였다. 삼성전자는 비야디에 자사의 휴대폰 위탁 생산을 맡기기도 하지만 역으로 삼성의 반도체, 센서, LCD 등을 공급하는 쌍방향 협력사이기도 했다. 인수 당시 삼성은 차량용 반도체 시장의 성장성을 확보하기 위한 목적이라고 밝힌 바 있지만 두 기업이 적극적으로 반도체 관련 협력을 도모했거나 성과를 얻은 것은 없다. 인수했던 지분도 2021년 4분기까지 0.1퍼센트만 남기고 모두 매각하여 투자 이익 1조 5000억 원 이상을 거두었다. 매각 사유에 대해서 정확히 알려지지 않았으나 차량용 반도체 시장 확대가 예상되는 시점에 삼성도 해당 분야에 더 집중하기 위해 지분을 정리했을 수 있다.

비야디는 차량용 반도체를 자체 제작하기에 동종 업계의 잠재적 경쟁자이기 때문이다.

부품 생산과 위탁 생산은 연관성이 짙지만 확실히 다른 분야다. 비야디는 어떻게 폭스콘에 버금가는 휴대폰 위탁 생산 회사가 됐을까? 이는 2002년으로 거슬러 올라간다. 당시의 비야디는 이미 중국 배터리 업계의 대부였고 배터리는 스마트폰의 중요 부품이다 보니 자연스럽게 전자 제품 위탁 생산 기업(EMS)인 폭스콘과 업무 관계가 생겼다. 폭스콘 회장인 궈타이밍郭台銘은 왕찬푸를 폭스콘으로 초청한 적이 있었고 왕찬푸는 폭스콘의 생산 공장을 둘러볼 기회를 얻게 됐다. 그러나 궈타이밍이 예상 못 한 것이 하나 있었다. 폭스콘 참관 이후 왕찬푸가 휴대폰 위탁 생산에 완전히 꽂혔다는 것이다. 왕찬푸는 고작 1년이라는 기간 동안 무려 400여 명의 폭스콘의 직원을 스카우트해서 데려갔다. 이로써 폭스콘과 비야디는 거의 원수지간처럼 서로 으르렁대는 사이가 된다. 지난 2021년 한국의 LG에너지솔루션과 SK이노베이션이 배터리 분야에서 치열하게 인력 및 기술 유출 등을 이유로 법정 공방을 펼쳤던 일이 겹쳐 보인다.

2007년 이미 휴대폰 등 전자 기기 위탁 생산이 궤도에 오른 비야디는 비야디 일렉트로닉스의 이름으로 상장을 준비한다. 그러나 상술한 사연으로 인해 폭스콘은 영업 비밀 침해를 이유로 비야디 일렉트로닉스에 소송을 제기한다. 이 때문에 비야디 일렉트로닉스의 상장은 반년 정도 연기되고 소송은 5년간 지속됐다. 홍콩 법원이 피소된 비야디의 손을 들어주면서 이 사건은 겨우 종료된다. 이제 5G 시대에 접어들고 스마트폰 시장 자체는 이미 포화 상태이니 다소 철지난 이야기로 느껴질 수 있겠다. 그러나 스마트폰 시장에서 끊임없는 업그레이드가 일어날 것이며 여전히 매년 신제품이 쏟아질 것이라는 데 시장의 이견은 별로 없다. 따라서 이 비야디의 휴대폰 부품 및 OEM 생산의 전망은 여전히 괜찮은 편이라고 할 수 있다.

휴대폰 배터리에서 나아가 휴대폰 부품 제조와 휴대폰 위탁 생산 공장으로의 사업 영역 확장은 연관성 있는 분야로서 자연스러운 일이었다. 그래서인지 2003년, 비야디가 자동차 분야에 진출을 선언했을 때 시장에서는 이를 충격적으로 받아들였다. 당시 자동차 분야에 진출하기 위해서 비야디에겐 인수 합병 말고 다른 옵션이 없었는데, 이러한 방식 역시 그간의 행보를 고려하면 이례적인 일이었다. 휴대폰 부품 및 휴대폰 위탁 생산은 비야디 기업 내부적인 사업 확장이었기 때문이다.

비야디의 자동차 사업은 이 책에서 심층적으로 다룰 비야디의 주력 분야이므로 3장에서 본격적으로 다루고자 한다.

왕촨푸, 운명을 개척하다

비야디의 창업자이자 현재 최고 경영자(CEO)인 왕촨푸는 1966년 안후이성安徽省 우웨이현无为县의 평범한 농민 가정에서 일곱 번째 아이로 태어났다. 왕촨푸의 아버지는 목공 일로 가족을 부양했는데 왕촨푸가 13세가 되던 해에 암으로 세상을 떠난다. 홀로 남은 어머니는 아이들을 데리고 힘든 나날을 보낸다. 형편이 어려워지자 왕촨푸의 누나 다섯 명은 일찍이 출가했고, 왕촨푸의 형인 왕촨팡 역시 학교를 그만두고 돈을 벌었다. 그러나 왕촨푸가 중학교 졸업을 앞둔 15세 때 어머니마저 숨을 거둔다. 혼란한 상황 속에 왕촨푸는 마지막 중학교 시험 중 두 과목에 결석했고 중등 전문학교에 신청할 기회를 놓친다. 1980년대 초 중국은 중등 전문학교만 가도 정부에서 일자리를 구할 기회가 많았으나 진학 실패로 기회의 문은 닫히고 말았다. 왕촨푸의 초년은 그야말로 암담함 그 자체였다.

형은 가족을 부양 중이었고 왕촨푸 역시 언제까지고 형과 형수에게 짐이 될 순 없었다. 학교를 그만두고 일을 찾으려 했으나 오히려 형과 형수에게 쓸데없는 생각과 걱정은 하지 말고 공부에나 집중하라는 호통을 듣는다. 이들의 따뜻한 지원 덕분에 왕촨푸는 눈물을 닦고 공부에 매진해 고등학교에 진학한다. 다행히 왕촨푸는 형과 형수의 기대를 저버리지 않왔다. 17세에 중국 정부에서 권위를 인정한 국가 중점 대학인 중난대학 야금물리학과에 입학한 것이다. 형과 형수는 그를 계속 보살피기 위해 학교 부근으로 집을 이사했다. 왕촨푸는 본격적으로 학업을 통해 자신의 운명을 바꿔 나가기 시작 했다.

1987년에 중난대학을 졸업한 그는 베이징유색금속연 구소 본원에서 석사를 거쳤다. 이미 대학교에서 배터리 관련 된 물리 화학을 공부한 그는 대학원에서 본격적으로 배터리 연구에 들어간다. 연구 성과가 워낙 뛰어났던 탓에 그는 파격 적으로 연구원 부주임으로 승진해 처장급의 대우를 받는다. 이때 왕촨푸의 나이는 고작 26세였다.

당시 왕촨푸의 꿈은 인류 기술 발전에 이바지하는 과학 자가 되는 것이었다. 그러나 프로젝트 때문에 선전에 방문한 이후 그는 생각을 고쳐먹었다. 선전에서 왕촨푸를 맞이한 것 은 개혁 개방의 새로운 물결이었다. 그는 그 거대한 변화에 큰 충격을 받았다. 특히 많은 사람이 다거다(大哥大·벽돌폰)로 통 화를 하는 것에 놀랐다고 한다. 당시 그 거대한 휴대폰은 2~3 만 위안에 달하는 고가품이었다. 거기엔 수천 위안의 배터리 가 탑재됐다. 왕촨푸는 본능적으로 언젠가는 본인도 저 배터 리 사업에 뛰어들어야겠다는 생각을 품었다.

베이징유색금속연구소에서 일을 이어 가던 왕촨푸는

동 연구소에서 선전에 설립한 '비거比格'라는 중국 배터리 회사의 총경리 자리에 임명된다. 그곳에서 그는 1993년부터 2년간 근무하며 배터리 사업과 생산 및 제조의 실질적인 경험을 쌓았다. 그러던 1994년, 기회가 찾아왔다. 일본 기업이 각종 환경 오염 등의 문제로 니켈카드뮴 배터리를 감산, 심지어 생산을 중단할 수 있다는 전망이 나온 것이다. 왕촨푸는 일본이 조만간 니켈카드뮴 배터리의 생산을 중단하면 분명히 배터리 공급 대란이 생길 것으로 예상했다. 이와 더불어 중국에서 휴대폰과 각종 전자 기기의 신속한 발전으로 배터리 분야가 향후 폭발적으로 성장할 것을 확신했다.

천재일우의 비즈니스 기회를 포착한 그는 자기가 근무 중이던 비거 배터리 회사에 니켈카드뮴 배터리 분야로 과감히 투자할 것을 요청했다. 하지만 비거는 베이징유색금속연구원과 연계된 국영 기업이었다. 국영 기업 특성상 신속한 결정이 이뤄질 리 없었다. 관련 신청이 계속 지연되고 비준받지 못하자 그는 더 이상 버티지 못하고 회사를 뛰쳐나왔다. 그러나 서른도 안 된 젊은이에게 창업 자금을 빌려주는 이는 없었다. 다행히 왕촨푸의 사촌 형인 뤼샹양吕向阳이 거금 250만 위안을 빌려줘 그는 20여 명의 임직원과 함께 선전 경제특구에 비야디실업比亚迪实业를 설립하고 배터리 공장을 세울 수 있었다. 왕촨푸의 배터리 신화는 이렇게 시작됐다.

왕촨푸의 청년 시절에서 기구함을 지워내면 말 그대로 배터리로 가득한 삶이라 할 수 있다. 그는 배터리 관련 대학교를 졸업하고 배터리 관련 대학원을 다녔으며, 대학원에서 배터리 관련 부교수(동 대학원 최연소 부주임 역임)로서 학생들과 같이 배터리 연구를 했고, 대학원 자회사 격의 배터리 관련 회사를 운영하다가 자신이 직접 배터리 회사를 설립하고 그 회사를 중국 최고 배터리 회사 중 한 곳으로 키워 냈다. '배터리 인간'으로 부르기에 부족함이 없다.

비야디의 배터리는 다르다

비야디가 배터리로 시작해 나중에 차량 제조로 사업 분야를 확장한 것은 결국 배터리에 대한 자신감이 큰 비중을 차지하고 있다. 그렇다면 비야디 배터리의 핵심 경쟁력은 뭘까?

LG에너지솔루션, 삼성SDI, SK온을 대표로 하는 한국계 배터리 제조사들은 '삼원계 배터리'를 쓴다. 삼원계는 니켈(Ni)·코발트(Co)·망간(Mn)으로 구성되어 NCM 배터리로도 불린다. 반면 중국 배터리 1위 기업인 CATL宁德时代과 비야디가 주력으로 내세우는 리튬인산철 배터리는 리튬(Li)·철(F)·인산(P)으로 구성돼 있다. LFP 배터리로도 불린다. 두 배터리는 전기차 시장의 표준이 되기 위해 경쟁해 왔다. 그간 NCM 방식이 지배적이었지만 2021년 CATL이 LFP 배터리를 테슬라 보급형 모델에 납품한 것에 이어 비야디도 테슬라와 배터리 납품 계약을 체결하며 변화가 감지됐다. 이후 포드, 폭스바겐, 애플도 연이어 LFP 배터리 채택을 공식적으로 발표하며 무게추가 기울기 시작했다.

프롤로그에서 언급했듯 LFP 배터리가 이미 NCM 배터리의 점유율을 추월했다는 통계에서 LFP 배터리는 이미 존재감을 확실히 드러내고 있다. 이렇듯 LFP 배터리가 과거 업계의 예상처럼 시장에서 도태되기는커녕 오히려 글로벌 점유율이 높아지자 한국 배터리 3사도 LFP 관련된 개발에 나서고 있다.

LFP 배터리가 주목받은 가장 큰 이유는 원가 경쟁력과 원자재 조달의 용이성이다. LFP는 희귀 금속에 속하는 니켈, 코발트 대신 철을 사용하므로 안정적이고 저렴한 가격에 배터리를 만들 수 있다. 업계에서는 LFP 배터리가 삼원계 대비 원가가 약 30퍼센트 정도 낮은 것으로 추정한다. 특히 최근 러시아-우크라이나 사태 등 지정학적 리스크로 니켈과 코발트의 공급 문제가 일어나고 있어 LFP의 장점이 두드러지는 경향이 있다.

2021년 선전에 소재한 비야디 본사에 업무차 방문할 기회가 있었다. 비야디 전시관을 둘러보기 전에 비야디에서 자사의 홍보 영상을 보여 주는데, 그중에서 중점적으로 강조하고 있는 것이 바로 비야디 배터리에 대한 안정성 테스트였다. 영상에선 배터리에 못을 박는 실험인 '네일 테스트Nail Penetration Test'가 나왔다. 삼원계 배터리는 표면 온도가 500도씨℃를 넘기면서 발화 및 폭발했지만, 비야디의 LFP 블레이드 배터리는 30~60도씨를 유지했다. 이처럼 LFP 배터리는 삼원계에 비해 열과 충격에 의한 폭발에 강하다는 것 역시 장점이다.

강점만 있는 건 아니다. 가격 경쟁력, 원자재 조달 및 안정성에서 앞서 있지만 LFP 배터리는 삼원계 배터리에 비해 에너지 밀도가 낮고, 배터리 수명이 짧으며 저온에서 성능 저하가 심하다. LFP 배터리의 에너지 효율은 삼원계의 약 60~80퍼센트 수준이다. 따라서 일반적으로 고급형 차량보다는 중저가의 보급형 차량에 LFP 배터리가 장착되는 경우가 많다.

그런데 2020년 출시된 비야디의 전기차 '한汉'은 LFP 배터리에 대한 일반적 인식을 완전히 뒤집어 놓았다. 한에 최초로 탑재된 '블레이드刀片 배터리'는 칼날처럼 얇고 긴 배터리 셀로 구성됐는데, 안정성과 에너지 밀도, 크기 등 다양한 측면에서 당시 테슬라에 장착된 삼원계 배터리에 버금가는 스펙을 보여 줬다. 이 블레이드 배터리는 비야디의 다른 전기차에도 장착되며 비야디의 핵심 경쟁력 중 하나로 평가받고

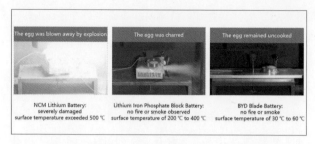

The egg was blown away by explosion

The egg was charred

The egg remained uncooked

NCM Lithium Battery:
severely damaged
surface temperature exceeded 500 ℃

Lithium Iron Phosphate Block Battery:
no fire or smoke observed
surface temperature of 200 ℃ to 400 ℃

BYD Blade Battery:
no fire or smoke
surface temperature of 30 ℃ to 60 ℃

비야디에서 중점적으로 홍보한 LFP 배터리의 안정성 테스트. 사진:
비야디

있다.

보통 전기차를 평가할 때 가장 많이 따지는 것은 최대
주행 거리다. 2023년 모델 기준 블레이드 배터리를 장착한
한은 최상위 트림 기준 715킬로미터(기본 트림은 506킬로미터)
의 최대 주행 거리를 보여 주고 있다. 중국은 전기차의 최대
주행 거리 측정시 자체 기준인 CLTC(China Light-duty vehicle
Test Cycle)을 사용한다. 이 측정 기준은 여타 국제 기준보다
최대 주행 거리가 후하게 나온 것으로 알려져 있다. 다만 동일
한 기준으로 테슬라 2023년형 부분 변경된 모델3의 최대 주
행 거리가 최상위 트림 기준 713킬로미터(기본 트림은 606킬
로미터)로 측정됐다는 점은 주목할 만하다. 최상위 트림에서
는 한의 주행 거리가 더 길게 나온 것이다. 비야디와 테슬라의
차량별 최대 주행 거리는 나중에 본격적으로 다룬다.

비야디는 어떻게 배터리를 혁신했나

비야디의 배터리는 무엇이 특별한 걸까? 전기차 배터리의 기본 상식부터 살펴보자. 스마트폰과 달리 무거운 차체를 굴려야 하는 전기차에는 엄청난 양의 전력이 필요하다. 스마트폰 배터리는 배터리 셀이 통상 하나인 반면 전기차에는 배터리 셀이 수백 개에서 많게는 수천 개까지 들어간다. 일반적으로 전기차 배터리는 셀Cell, 모듈Module, 팩Pack으로 이뤄져 있다.

배터리 셀을 기본 단위로 생각하면 이를 여러 개씩 묶고 효율적으로 관리하고자 모듈과 팩이라는 형태로 전기차에 싣는 것이다. 배터리 셀이 여러 개 묶인 게 모듈, 모듈을 여러 개 묶은 게 팩이라 보면 된다.

전기차 배터리의 기본 형태를 살펴본 이유는 비야디 배터리의 특징이 이 형태에 대한 접근에서 나오기 때문이다. 지금까지 많은 배터리 전문 제조 기업은 주로 배터리 셀에 집중해 왔다. 셀의 양극재나 전해질을 어떤 물질로 넣을지, 또한 이 물질들은 어떤 비율로 넣어서 셀 자체의 성능을 높일 수 있는지에 대해서 연구하고 고민한 것이다.

그런데 왕촨푸가 이끄는 비야디는 달랐다. 이런 기초 연구에 기반한 배터리 성능 향상을 꾀하는 동시에 상대적으로 싸고 안정적인 LFP 배터리 셀을 어떻게 패키징하여 성능을 향상할지 함께 고민했다. 삼원계 배터리보다 태생적으로

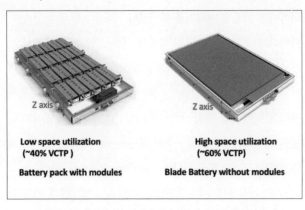

Low space utilization
(~40% VCTP)

High space utilization
(~60% VCTP)

Battery pack with modules

Blade Battery without modules

우측이 모듈이 없어지고 배터리 셀이 길쭉하게 촘촘히 연결된 비야
디의 블레이드: 부피 축소로 공간 확보, 무게 감량, 원가 절감 실현.
사진: 비야디

낮은 에너지 효율로 인한 고육지책이기도 했다.

비야디가 내놓은 혁신 방안은 놀라웠다. 배터리 셀-모
듈-팩으로 가는 3단계 과정에서 과감하게 모듈을 없애 버린
것이다. 얇은 셀을 묶어서 바로 셀-팩의 2단계 과정으로 단계
를 축소했다. 이렇게 셀투팩(CTP·Cell To Pack) 기술을 적용하
면 배터리가 공간을 덜 차지하고 늘어난 공간에 배터리를 추
가 장착해 주행 거리를 최대한 늘릴 수 있다.

삼원계 배터리는 에너지 밀도 및 효율이 높은 대신 발
화 및 물리적 충격에 대한 안정성이 상대적으로 낮아 셀을 모
듈로 한 번 묶음으로써 일종의 방화벽을 설치할 필요가 있다.

이 때문에 일반적으로 삼원계는 25~30도씨 정도로 온도를 유지하기 위한 냉각 시스템이 탑재된다.

반면 LFP 배터리는 이미 그 자체로 온도 안정성이 뛰어나고 물리적 충격에 강하다. 비야디의 블레이드 배터리는 이 장점을 극대화한 형태다. 방화벽 역할을 해주는 냉각 시스템 및 충격 완화 장치를 비롯한 각종 모듈을 없애 버리고 그 대신 셀을 칼날처럼 길게 만든 후 배터리 셀들을 모아서 바로 패키징을 한 것이다. 이렇게 모듈화에 필요한 단계와 관련 부품을 생략해 버리니 공간 확보, 무게 감축, 원가 절감 세 마리의 토끼를 잡을 수 있었다. 전기차의 핵심 요소인 배터리의 부피, 무게 및 원가가 줄었으니 비야디 한의 스펙과 가격 경쟁력이 향상된 것은 당연한 결과라 하겠다. 실제 비야디 한은 21~30만 위안(3875~5536만 원)으로 다른 전기차보다 저렴한 편이다.

2020년 셀투팩 기술로 세계를 놀라게 한 비야디는 2년 후인 2022년 5월 새로운 양산차 모델 하이바오(海豹·바다표범)을 공개했는데 여기에는 셀투팩 기술에서 한 단계 더 나아간 셀투바디(CTB·Cell to Body) 기술이 적용됐다. 배터리 뚜껑을 차체 바닥으로 활용하여 구조를 간소화하고 이를 통해 공간 활용도와 에너지 밀도를 각각 66퍼센트, 10퍼센트 향상했다. 하이바오의 고성능 모델의 경우 제로백 3.8초로 테슬라

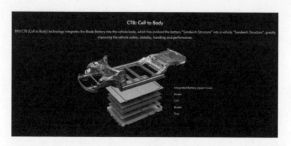

배터리와 차체의 일체화 기술: 위에서부터 차체 바닥 겸 배터리 덮개, 접착제, 배터리셀, 접착제, 하부 덮개로 구성. 사진: 비야디

모델3의 상위 트림인 롱레인지의 제로백 4.4초보다 빠르다. 최대 주행 거리도 700킬로미터로 모델3의 롱레인지의 713킬로미터에 비해 크게 뒤지지 않는다. 배터리 자체의 혁신을 뛰어넘어서 차량과 어떤 식으로 결합하는 것이 가장 좋을지에 대한 고민의 결과가 속속 나오는 것이다

비야디, 니오, 링파오零跑를 비롯한 중국 기업뿐 아니라 테슬라, 폭스바겐, 볼보, 포드 등 완성차 기업과 CATL 등 배터리 기업도 차체와 배터리의 일체화를 통한 기술개발 경쟁에 일찌감치 돌입했다. 이 기술은 셀투바디, 셀투섀시(CTC·Cell to Chassis), 셀투비클(CTV·Cell to Vehicle) 등 기업에 따라 다르게 불린다.

배터리와 차체의 결합 기술 개발 과정에서 필연적으로 발생하는 건 완성차 기업과 배터리 기업 간의 주도권 경쟁이

다. 그런데 비야디는 차량과 배터리 기술 양측을 다 가지고 있다 보니 아무래도 이 분야에서 조금 더 우위를 점할 가능성이 있다. 테슬라 등 다른 전기차 기업들이 자체 배터리 기술을 이미 보유했거나 새로이 갖추려는 이유기도 하다.

배터리에 미쳐 있던 배터리 인간 왕촨푸가 지금까지 이끌었던 비야디 배터리의 혁신 과정은 이렇다. 왕촨푸는 전형적인 CTO형 CEO로서 비야디의 배터리 연구 개발 방향에는 그의 배터리에 대한 고민과 경영 철학이 녹아 있다.

3

비야디, 배터리 기업에서
전기차 기업으로 변신

인수 합병으로 자동차 시장에 뛰어들다

앞에서 살펴본 바와 같이 비야디는 배터리로 시작해서 전자 기기 제조 분야까지 사업을 확장해 큰 성공을 거뒀다. 하지만 왕촨푸는 여기서 멈추지 않고 자동차 사업 진출을 선언한다. 이를 위해 비야디는 2003년 1월, 경쟁력 부족으로 도산 위기 에 놓인 국영 기업 시안친촨자동차회사西安秦川汽车有限责任 公司의 지분 77퍼센트를 2억 7000만 위안에 인수해 자동차 회사를 설립한다. 비야디가 그동안 배터리 사업에서 벌어들 인 막대한 자금과 기업 공개를 통해서 마련한 자금 등이 동원 됐다. 중국 정부 입장에서는 경쟁력이 떨어지는 국영 기업 친 촨자동차를 적지 않은 금액으로 인수해 간 비야디가 인상적 이었을 것으로 추측된다. 이는 추후 비야디가 국가적 차원의 자동차 정책의 주요 수혜자가 된 것과도 무관치 않을 것이다.

지금에 와서 보면 신의 한 수였지만 당시 여러 경영진, 주주 및 다양한 이해 관계자들은 모두 반대했다. 비야디로서 는 당시 자동차 산업에 처음 진출하는 격인데다가 인수한 곳 역시 경쟁력이 부족한 회사였기 때문이다. 그러나 왕촨푸의 강력한 의지를 꺾을 순 없었다. 그는 자동차 산업에 뛰어든 지 고작 5년이 되던 2008년에 이렇게 일갈했다. "2015년에 중 국 1위, 2025년 글로벌 1위가 되겠다!"

이는 볼보Volvo의 모기업이자 다임러Daimler의 대주주로 유명한 지리자동차吉利汽车의 창업주인 리슈푸李书福가 처음 자동차 산업에 뛰어들 때 "자동차 그까짓 거 그냥 바퀴 네 개랑 소파 하나 붙어 있는 거 아닌가?"라고 발언한 것만큼이나 업계를 놀라게 했다.

소년이여, 야망을 품으라고 했던가? 비야디는 2015년 중국 1위를 달성하지 못했지만 적어도 2025년에는 중국 내 신에너지 차량 분야뿐 아니라 승용차 전체에서 1위를 달성하는 일이 불가능해 보이지 않는다. 중년의 나이에도 왕촨푸의 소년과 같은 야망은 현재 진행형이다.

왕촨푸는 배터리 전문가였지만 자동차 분야에서는 사실 문외한에 가까웠다. 비야디가 자동차 산업에 뛰어든 것은 순전히 그들의 배터리 기술과 자동차 산업의 결합에 따른 상승 작용을 노린 것이었다. 그래서인지 모두가 우려한 바와 같이 자동차 사업은 초기에 계속 적자만 냈고, 불행히도 그 적자 폭은 계속 커지고 있었다. 상승 작용은커녕 기존 비야디의 밥줄인 배터리, 스마트폰 부품 사업에서 벌어온 수익을 몽땅 빨아들이는 블랙홀이 되어버린 것이다.

비야디의 최초 목표는 배터리와 자동차를 결합한 전기차였다. 그러나 처음부터 주춧돌도 다지지 않고 3층짜리 멋진 기와집을 짓는 건 불가능했다. 급한 불부터 꺼야 했다. 망해 가는 회사의 주인이 정부에서 비야디로 바뀌었다고 안 팔리던 차가 갑자기 잘 팔릴 리 만무했다. 일단 인수한 자동차 회사를 최소한 정상 궤도로 올려놓고 꺼져 가는 호흡부터 살려 내는 게 급선무였다. 상황을 변화시킬 유일한 방법은 결국 괜찮은 신차를 개발해 잘 판매하는 것이었다.

비야디는 상기의정자동차上汽仪征의 총괄 엔지니어인 렌위보廉玉波 등 여러 유명 엔지니어 등을 스카우트 해오고 2억 위안 이상의 연구·개발비를 써가면서 '316'이라는 이름의 신차를 개발한다. 그런데 막상 최종적으로 개발된 차량 샘플의 디자인 수준은 매우 떨어졌다. 처음 차를 공개할 당시 업계의 많은 인사들을 초청했는데 실물을 보고 다들 차마 말을 잇지 못할 정도였다. 이미 많은 돈을 투자해 개발한 자동차였지만 왕촨푸는 결국 이 모델의 출시를 포기하기로 결심한다. 비야디의 첫 차는 반드시 성공해야 했기 때문이다.

비야디 자동차의 카피캣 시절

이렇게 자체 연구·개발을 통한 신차가 디자인부터 엉망인 상태로 개선 방안을 도저히 찾지 못하자 생사의 갈림길에 선 비야디는 결국 중국 기업 특유의 철면피 작전을 동원한다. 남의 모델 베껴오기 즉, 카피캣copycat 전략이다. 비야디의 카피 대상은 도요타의 베스트셀링 준중형 세단 코롤라Corolla였다.

비야디는 먼저 코롤라의 디자인부터 가져와 디자인에

좌측 비야디 F3, 우측 도요타 코롤라. 사진: CARGUY

맞게 차 설계를 하는 역방향 개발을 추진했다. 그 카피의 결과
가 2005년 9월 탄생한 비야디의 첫 출시 모델인 F3다. 코롤
라와 F3는 한눈에 보기에도 어떤 게 코롤라고 어떤 게 F3인
지 구분이 안 될 정도로 유사했다. 헤드라이트, 즉 눈매 쪽만
살짝 변화를 준 것을 제외하곤 전체적인 모양이 매우 닮아 있
다. 그렇다고 비야디가 아무 계획 없이 도요타의 디자인만 그
대로 베껴 온 건 아니다. 비야디의 전략은 역시나 가성비였다.
비야디는 과거 배터리 생산할 때 반자동 생산 설비를 깔아본
경험을 토대로 자동차 생산 설비를 유사하게 설계했다. 이를
통해 코롤라의 기능 대부분을 똑같이 구현하면서도 생산 원
가를 최대한 절감해 코롤라 가격의 60~70퍼센트에 F3를 출
시했다.

　　과연 왕촨푸의 바람대로 비야디의 첫 차는 성공했을
까? '혹시나'는 '역시나'로 이어졌다. 기업과 소비자는 부창부
수의 관계라 했던가. 기업이 얼굴에 철판을 깔고 도요타의 코

롤라를 그대로 베껴 왔더니 중국 소비자도 같이 얼굴에 철판을 깔고 "역시 자동차는 갓성비"라 외치며 F3 출시를 쌍수를 들고 환영했다.

시장의 반응은 폭발적이었다. 비야디 F3는 출시한 지 1년도 되지 않아 중국 자동차 역사상 가장 짧은 기간 내에 10만 대가 팔린 역대급 중국산 베스트셀링 카로 등극했다. 심지어 중국에서 비야디의 F3가 너무 잘 팔리자 오히려 도요타에서 다시 비야디의 F3를 분해해 어떻게 자사보다 훨씬 저렴한 가격으로 차량을 제조하고 판매할 수 있었는지 연구했다는 흥미로운 후문도 전해진다. 도요타 입장에선 특허권을 들어 제소하더라도 중국 법원에서 승소할 가능성이 크지 않고 오히려 상대를 홍보해 주는 꼴이 되니 결국 표절 문제는 큰 시비 없이 지나가게 됐다.

정상적인 기업이라면 타사의 제품을 그것도 자사의 첫 차에 그대로 베껴 오는 건 양심이 허용하지 않을 문제다. 타사의 권익 침해를 불사하는 성공 만능주의로 비판할 지점도 당연히 있다. 하지만 이 시도가 지금의 비야디를 있게 했다는 점에서 초창기 비야디의 자세를 짚어 볼 여지는 있다. 이 정도의 카피는 법적으로는 크게 문제없을 것이라는 확신, 디자인은 베꼈을지언정 성능과 가격이 경쟁력 있다면 분명히 소비자의 마음을 열 수 있다는 자신감, 이에 대한 비난은 받아들이겠다는 열린 마음 등이 F3의 성공을 만들었다고 볼 수 있다.

신에너지 차량 기업으로의 변신

비야디는 F3라는 신차 하나로 단번에 중국 내 메이저 자동차 브랜드로 위상이 올라갔다. 내연 기관 차량의 성공은 왕촨푸로 하여금 이제 자동차에 배터리를 장착할 시기가 됐음을 직감케 했다. 만일 전기차를 제대로 만들 수 있다면 미국, 유럽 등의 자동차 선도 기업들이 내연 기관 차량의 핵심 부품에서 가지고 있는 기술 우위가 더 이상 중요하지 않으리라고 생각했다. 따라서 비야디는 첫 모델인 F3의 성공과 각종 타 사업군에서 얻은 각종 영업 이익을 대부분 전기차 개발에 쏟아붓는다. 비야디는 F3 출시 이전인 2004년부터 비야디 마이크로일렉트로닉스라는 회사를 설립해 자동차 전장 분야를 진작부터 준비했고, 2005년에는 전기차 개발 전담 사업부를 설치해 이와 관련된 본격적인 개발 작업에 착수하며 전기차 개발의 초석을 다져 왔다. 갈아온 칼을 꺼낼 시기가 된 것이다.

비야디는 전기차 제조 로드맵에 따라 2008년 12월 세계 최초의 플러그인 하이브리드 자동차 모델인 F3DM을 출시하고 그 이후 순수 전기차까지 개발할 계획도 세워 간다. 세계 최초라는 의미는 컸지만 판매량은 극히 적었다. 출시 당시 F3DM의 가격은 15만 위안으로 F3의 약 두 배였고 당시는 신에너지 차량 관련 보조금 정책이 없었기 때문이다.

회사 내부 관계자와 많은 주주들 역시 왕촨푸의 전기차 집착을 이해하지 못했다. 휘발유가 이렇게나 저렴한데 도대체 전기차가 무슨 효용이 있냐는 회의적 의견뿐이었다. 그러나 세계적인 투자자 워런 버핏Warren Buffett은 달랐다. 버핏은 2008년 F3DM 출시 전 왕촨푸가 그리는 전기차의 미래에 대해서 높게 평가하며 같은 해 9월 자신의 투자 지주 회사 버크셔해서웨이(Berkshire Hathaway Inc.·이하 '버크셔')를 통해 18억 홍콩 달러로 비야디 지분 약 10퍼센트를 인수하기에 이른다. 버핏의 인수는 비야디가 한국을 비롯한 전 세계에 알려지는 계기가 됐다. 주목받은 건 비야디라는 개별 기업뿐만이 아니었다. 전설적인 투자의 귀재가 비야디에 큰 투자를 했다는 소식은 전기차 개발에 대한 근본적인 의구심을 함구케 했다. 비야디의 주식은 이후 급상승해 왕촨푸는 2009년 350억 위안의 주식 가치를 보유한 중국 최대 부호에 이름을 올린다.

막대한 부를 얻었지만 왕촨푸의 꿈은 지금부터 시작이었다. 그는 계속 내연 기관 차량에서 얻은 이윤을 전기차와 플러그인 하이브리드 기술 개발에 쏟아부었다. 문제는 이 때문에 내연 기관 모델의 연구·개발 자금 부족 현상이 발생했고 비야디의 내연 기관 차량에서 품질 문제도 발생했다는 점이다. 그런데 비야디는 품질 문제에도 아랑곳하지 않고 오히려 계속 자동차 생산 능력을 계속해 확장해 나갔다. 당연히 사업이 지속될 수 없는 구조였다.

2011년 비야디는 생산 능력을 대량으로 확충했음에도 불구하고 판매량이 늘어나지 않는 상황에 직면했다. 이 시기에 비야디는 영업 이익이 작년 동기 대비 무려 88퍼센트나 감소했다. 거기다 비야디 차량의 품질이 좋지 않다는 입소문이 파다해져 판매 대리상 네트워크도 감소하는 등 여러 문제가 생겼다. 상황이 점점 악화하자 왕촨푸는 2012년 직접 기자회견을 열고 이 문제에 대해서 잘못을 인정하며 향후 2년간 차량 품질 개선, 판매 네트워크 개선 작업을 거쳤다. 이에 더해 정부의 전기차 보조금 지원 확대가 맞물려 비야디는 다시 위기에서 벗어날 수 있었다.

코롤라에 대한 디자인 모방과 2010~2012년 사이에 불거진 비야디 차량의 품질 문제에서도 추측할 수 있듯이 비야디라는 브랜드는 한동안 저가격, 저품질, 저신뢰의 이미지에서 벗어나지 못했다. 아마도 최종 목표인 전기차 개발을 위해 악착같이 돈을 벌고자 일련의 저품질 문제와 저가 브랜드 포지셔닝을 감수했다고 보인다. 이런 고육지책은 2013년부터 점차 빛을 보기 시작한다.

2013년에 비야디 총매출에서 3퍼센트던 신에너지 차량 판매 비중은 2014년 12.6퍼센트, 2015년 24.2퍼센트,

비야디 당. 사진: 비야디

2016년 33.5퍼센트, 2017년 36.9퍼센트까지 급격하게 늘어나기 시작했다. 이런 호실적에 힘입어 비야디는 2015~2018년 4년간 전 세계에서 전기차를 가장 많이 판매한 기업이 됐다. 해당 기간 중 차종을 전기 승용차로만 놓고 봤을 때는 테슬라가 1위, 비야디가 2위다. 테슬라는 당시 승용차만 만들었던 반면 비야디는 승용차와 버스, 트럭 등을 포함한 상용차까지 모두 만들었기 때문이다.

신에너지 차량에서 동력을 얻은 비야디는 저가, 저신뢰 등으로 낙인찍힌 이미지에서 탈피하려는 노력을 시작한다. 2013년부터 친秦, 당唐, 송宋 등 중국 왕조 이름 시리즈로 전

비야디 송. 사진: 비야디

기차를 출시하고 2016년도부터는 아우디의 디자인 총괄 볼프강 에거Wolfgang Egger 등 해외에서 유명 디자이너를 스카우트해 디자인에 힘을 줬다. 내연 기관 자동차에서 보였던 전략과는 180도 다른 모습이었다. 디자인과 성능에 대한 전폭적인 투자로 완성된 게 바로 2017년 6월 출시된 비야디의 신규 디자인 라인인 '드래곤 페이스Dragon Face' 시리즈다. 모셔온 디자이너가 아우디 출신이었으므로 어쩔 수 없이 아우디의 냄새가 물씬 풍기긴 했지만 전반적으로 디자인의 수준이 훨씬 올라갔다는 평가다.

워런 버핏의 비야디 투자와 청산 과정

비야디의 자동차 산업 진출기를 보면 왕촨푸의 의지와 경영 감각이 빛나기도 하지만 한편으로 전기차 회사로서 비야디의 약진을 있게 한 워런 버핏의 무시무시한 영향력이 느껴지기도 한다. 전 세계의 투자자를 놀라게 한 2008년의 투자는 2024년 지금, 비야디의 흥망성쇠를 롤러코스터 위에 올려놓은 사건으로 작용하고 있다. 사실 이 투자에는 다양한 뒷얘기가 있다. 버핏이 인수하려던 비야디의 지분은 원래 25퍼센트였다고 한다. 왕촨푸 역시 처음 버핏의 25퍼센트 지분 투자 의향을 들었을 때 매우 흥분했다고 전해진다. 그러나 가만히 생각해보니 지분의 25퍼센트는 다소 과도하다고 판단해 일단 10퍼센트까지만 투자받기로 했고 실제로는 9.9퍼센트의 지분만 버크셔가 매입한다. 지분을 최소한으로만 팔기를 원한 왕촨푸를 보며 버핏은 더욱 긍정적으로 비야디를 평가했다는 후문이다.

뒤늦게 알려진 사실이지만 버핏은 2008년 초만 하더라도 비야디에 대해서 전혀 인상이 없었다고 한다. 버크셔의 부회장 찰스 멍거Charles Munger의 적극적인 추천으로 비야디와 창업자인 왕촨푸에 대해서 파악한 후 투자를 결정한 것이다. 멍거는 '찰리Charlie'라는 애칭으로 불리는 버핏의 오랜 사업 파트너기도 했다. 흥미로운 것은 그 비슷한 시기에 테슬라의 일

왼쪽부터 왕촨푸, 찰리 멍거, 워런 버핏 빌 게이츠. 왕촨푸 입이 귀에 걸렸다. 사진: 비야디

론 머스크가 자금 부족으로 버크셔의 투자를 받기 위해 노력했다는 사실이다. 당시 멍거와 머스크가 같이 식사한 적이 있는데 예상외로 멍거는 테슬라의 전망에 대해서 부정적으로 언급했다고 한다. 머스크가 건방지고 오만하다는 이유였다. 멍거는 결국 테슬라에는 투자하지 않겠다고 밝혔다. 하지만 전기차 시장 자체는 큰 발전 가능성이 있다고 판단해 투자처를 물색하다 중국의 비야디를 추천받게 된다. 이후 멍거는 창업자 왕촨푸가 발명왕 토머스 에디슨Thomas Edison과 제너럴일렉트릭의 전설적인 CEO 잭 웰치Jack Welch를 합쳐 놓은 것 같은 인물이라며 버핏을 설득해 비야디 지분을 매입한다. 여담이

지만 당시 테슬라에 투자했다면 비야디에서 거둔 수십 배의 수익률은 우스울 뻔했다.

그로부터 14년이 지난 2022년 8월 24일 버크셔는 매입 후 단 한 주도 팔지 않고 갖고 있던 2억 2500만 주 중 133만 주를 매각한다. 비야디 주식은 2023년 기준 중국 본토의 선전증권거래소에 상장된 A주와 홍콩 상장 중국 기업인 H주로 나뉘어 있다. 버핏이 보유하고 있던 주식은 홍콩거래소의 H주다. 2008년부터 비야디 H주 지분의 19.9퍼센트를 보유하고 있던 버핏의 버크셔는 2023년 5월까지 10여 회에 걸친 지분 매각을 통해 9.87퍼센트까지 비중을 낮췄다.

지금까지 버핏의 투자 행태를 미뤄볼 때 그가 장기 보유 중이던 주식을 팔기 시작했다는 것은 해당 기업의 주식 전량을 청산하겠다는 뜻으로 읽힌다. 이 시대 최고의 가치 투자자 중 한 명인 버핏이 주식을 팔기 시작했다면 비야디가 이제 정점을 찍었고 향후엔 별 볼 일이 없다는 뜻으로 해석하면 그만이다. 그렇다면 반대로 비야디가 아닌 다른 전기차 기업의 성장 가능성을 봐야 하는 것일까? 비야디와 현재 신에너지 시장에서 견줄 수 있는 건 오직 테슬라뿐이다. 혼란스러운 시장을 읽기 위해 세계적인 투자자의 투자 행보를 참고하는 것도 좋지만 두 기업의 펀더멘털을 자체적으로 분석해 보는 것도 중요하다. 현재 전기차 왕좌를 두고 격돌하는 비야디와 테슬라의 장단점을 다음 장에서 본격적으로 비교해 본다.

4

비야디 vs 테슬라,
신에너지 차량 왕좌의 게임

왕촨푸 vs. 일론 머스크

왕촨푸의 비야디와 일론 머스크의 테슬라는 모두 2003년부터 자동차 산업에 뛰어들어 현재 주로 중국 글로벌 신에너지 차량 시장에서 경쟁 중이다. 지금은 이들 기업의 전기차 경쟁 구도가 자연스럽게 느껴지지만 시간을 약 10년 이상만 거슬러 올라가면 두 기업 모두 자동차 분야에 있음에도 서로를 크게 의식하지 않는 모습을 보였다. 특히 상대방을 경쟁자로 인식하지 않는 경향은 테슬라 쪽에서 더 강했다. 2011년 일론 머스크는 블룸버그와의 인터뷰에서 워런 버핏의 투자에 관한 질문을 받았다. 버크셔가 테슬라가 아닌 비야디에게 큰 금액을 투자했는데 테슬라는 비야디를 경쟁사로 생각하냐는 질문이었다. 머스크는 말 그대로 실소를 머금으며 답했는데, 그는 비야디 차량을 본 적이 있냐며 비야디는 테슬라와의 경쟁이 문제가 아니라 중국 내에서 생존 과제부터 해결해야 한다고 코웃음을 쳤다. 그러나 10년 후 중국 내 신에너지 차량 판매량에서 테슬라는 비야디에 밀리고 있으며 테슬라의 고위 관계자도 중국 내 가장 큰 경쟁자로 주저 없이 비야디를 꼽고 있을 정도로 상황이 많이 달라졌다. 어쩌다 서로 경쟁자가 됐을지 모르겠을 정도로 전혀 다른 세상에서 평행선을 가던 두 사람이 각자의 변곡점을 지나며 2020년대에 들어 서로를 정면으로 마주치게 된 것이다.

비야디와 테슬라는 모두 창업자가 현역이고 기업 운영에 큰 영향력을 행사한다. 이 때문에 두 기업을 비교하려면 우선 창업자를 비교해 볼 필요가 있다. 흥미로운 건 둘은 성장 배경부터 완전히 판이하지만 17세를 기점으로 인생을 바꿀 결정을 내렸다는 점이다. 앞서 간단히 살펴봤지만 1966년생인 왕촨푸는 10대에 일찍 아버지와 어머니를 여의었다. 당연히 경제 상황도 매우 좋지 못했다. 그러나 경제적으로 어려운 상황에도 형제간의 우애가 깊었고 이를 바탕으로 왕촨푸는 가난에도 학업을 계속 이어 나갈 수 있는 원동력을 얻을 수 있었다. 비록 돈은 없었지만, 사랑과 우애가 넘치는 집안이었다고 할 수 있다. 1983년 17세의 왕촨푸는 이에 보답하고자 학업에 매진한 결과 중점대학교에 합격하여 고향의 자랑이 되었다. 이때부터 그는 고향을 떠나서 더 큰 세상으로의 여정을 시작했다.

일론 머스크는 1971년 남아프리카공화국에서 태어났다. 아버지는 현지의 유명한 엔지니어였고 어머니는 모델이었다. 그의 집은 거의 없는 것이 없을 정도로 부유했다. 집과 차는 물론이고 심지어 비행기도 있었다. 여섯 살부터 이미 머스크는 아버지를 따라서 전 세계를 여행했다. 게다가 머스크는 어렸을 때부터 두뇌가 비상해 10세부터 이미 스스로 독학으로 프로그래밍을 시작했고 12세에 코딩해서 만든 게임을

500달러에 판매한 적도 있다.

머스크는 이렇듯 부유한 가정 환경에서 성장했으나 집 안에는 사랑이 결핍됐다. 머스크의 부모는 일찍이 이혼해 집 안에는 그를 돌봐줄 사람이 없는 경우가 다반사였다. 아버지는 성정이 거칠고 괴팍했으며 매우 폭압적이었다. 머스크가 학교에서 심한 따돌림을 받는 상황에서도 별 신경을 쓰지 않았다. 긴 세월이 지난 후에도 머스크에게 유년 시절은 가혹한 기억있던 모양이다. 언론 인터뷰에서도 유년 시절에 대해 당시에 행복하지 않았다며 눈물을 쏟은 바 있다. 결국 그는 17세의 나이에 아버지의 반대에도 고향인 남아공을 떠나서 캐나다 시민권자인 어머니가 있는 캐나다로 유학을 떠났다. 2년간 온타리오의 퀸스대학교에서 경제학을 공부하고 미국 펜실베니아의 와튼스쿨로 편입하여 경제학과 물리학 학사 학위를 취득한다. 너무도 다른 둘의 인생이 17세부터 바뀌기 시작한 것을 보면 일종의 평행 이론이 생각나기도 한다.

이후의 행보를 보면 두 사람이 어떻게 서로를 마주하게 됐는지 알 수 있다. 왕촨푸는 1994년 28세에 다니던 철밥통 직장을 그만두고 배터리 제조 분야의 창업을 시작했다. 머스크는 1995년 24세에 스탠포드대학교의 고체물리학 슈퍼 축전기 분야로 박사 과정에 합격했으나 인터넷의 잠재력을 보고 실리콘밸리로 이주하여 창업을 시작했다. 집중한 분야는 달랐지만 둘 모두 비슷한 시기에 창업 전선에 뛰어들었다고 할 수 있다.

왕촨푸가 배터리 분야에서 고군분투하고 있던 시절 머스크는 인터넷에 기반한 지역 정보 제공하는 서비스 'Zip2'를 개발해 당시 세계적으로 유명했던 컴퓨터 회사 컴팩COMPAQ에 약 3억 달러에 매각하고 머스크는 자기 지분 2200만 달러를 현금으로 챙겼다. 이른 나이에 백만장자가 된 머스크는 이후 온라인 결제 플랫폼 페이팔Paypal을 공동 개발해 이베이에 2억 5000만 달러를 받고 매각하며 엑싯exit한 바 있다. 이 시절만 하더라도 두 사람의 인생에서 교차점이 생길 것으로 예상한 사람은 아무도 없었다.

그러나 둘의 인생은 2003년경 다시 한 번 운명적인 유사점을 보인다. 자신의 주변인과 투자자들이 원치 않는 결정을 내리게 되는 것이다. 바로 전기차 제조였다. 2004년 당시만 하더라도 완벽한 내연 기관 차량의 시대였다. 그러나 머스크는 테슬라의 최초 투자자로서 650만 달러 자금을 투자하여 최대 주주로 등극하고 추후 최고 경영자까지 맡게 된다. 석유 고갈과 무분별한 탄소 배출이 인류의 재난이 될 수 있음을 꿰뚫어 보고 지속 가능한 에너지로의 전환을 가속해 인류를 구하겠다는 거대한 대의명분을 내세운 것이다. 당시 자동차 및 투자 업계 인사들은 이런 머스크의 결정에 대부분 의문을 표했다.

왕촨푸의 비야디가 자동차 업계에 진출하기로 선언한 2003년, 그들은 이미 글로벌 배터리 업계 2위 기업이었다. 여기에 만족하지 않은 왕촨푸는 비야디의 재도약을 위해선 전기차를 만들 수밖에 없다고 생각했다. 자신들의 개발한 배터리를 자사의 전기차에 탑재하는 것이 왕촨푸의 큰 그림이었다. 그러나 여러 주주는 이제 자동차 사업을 처음 시작하는 비야디가 벌써부터 전기차를 개발하고 판매하는 건 불가능하다고 생각했다. 비야디가 친촨자동차 인수를 발표하던 당시 이들의 매각으로 비야디 주가가 하루 만에 20퍼센트 이상 폭락한 것은 이 때문이다.

배경도, 전기차로 향하게 된 과정도 모두 다른 둘이지만 확실한 건 두 기업 모두 전기차 사업에 창업자의 의지가 강하게 반영됐다는 것을 알 수 있다. 게다가 둘 모두 아무것도 없이 자수성가로 사업을 일으켰다는 점과 전기차 제조에 뛰어들 때 주변의 반대를 무릅쓰고 시작했다는 점이 닮았다. 비야디와 테슬라는 서로가 각자 처음 포지셔닝한 중저가 및 고급 자동차 시장에서 벗어나 각자 상대방의 영역으로 돌격하면서 드디어 제대로 마주친 상황이다.

비야디의 전기차 vs. 테슬라의 전기차

고급화를 꿈꾸는 비야디, 저변 확대를 꿈꾸는 테슬라. 두 기업 중 자신의 큰 그림을 성공적으로 그리는 쪽은 어딜까? 앞서 살펴본 비야디의 시장 지배 과정을 간단히 복기해 보자. 비야디는 배터리 기업으로부터 시작해 파산 직전으로 망해 가던 자동차 회사를 인수하여 여러 좌절을 겪으며 첫 자체 제작 모델을 만들었으나 실패했다. 그 이후 도요타 코롤라를 가져온 후 샅샅이 분해해서 파악한 후 그대로 카피를 시도한다. 동시에 비야디는 자동차 관련 기술 특허를 연구해서 자신들이 경쟁사를 모방하기 쉽게 하는 동시에 경쟁사가 자신들을 따라 하지 못하도록 힘썼다. 그리고 마지막으로 배터리 시절부터 강점이었던 인해人海 전술을 사용해 각종 자동화 설비를 도입하는 대신 저렴한 인건비로 생산 단가를 최대한 줄였다.

결과적으로 2005년 원조 모델인 코롤라보다 30~40퍼센트 이상 저렴한 7만 위안 정도의 가격으로 F3를 출시하여 판매량에서는 큰 성공을 거두게 된다. 그러나 이미 시작 단계부터 카피캣으로 시작했기에 중국 소비자가 원하던 가성비만 일부 만족시켰을 뿐 저품질, 저성능, 저신뢰 등 하위의 브랜드로 포지셔닝할 수밖에 없었다. 이는 비야디 입장에서 피할 수 없던 기업 발전 초기 단계였을 수도 있다. 그러나 그만큼 프리미엄 브랜드로 발돋움하기 위한 계단이 높다는 의미기도 했다.

이에 반해 테슬라는 처음부터 모두의 이목을 집중시키는 기업이었다. 테슬라의 초기 투자자이자 창업자인 머스크는 이미 실리콘밸리에서 여러 번 창업 후 매각에 성공한 천부적인 재능을 가진 유명 인사였다. 비야디가 소위 말하는 '자세 안 나오는 카피캣 전략'으로 도요타 차량을 베끼기에 급급할 때 테슬라는 자사의 첫 번째 모델로 무려 스포츠카를 선보였다. 2006년에 최초로 발표하고 2008년에 출시한 로드스터 Roadster다. 이 차량의 출시 가격은 10만 9000달러로 고가의 럭셔리카이자 세계 최초의 전기 스포츠카라는 포지셔닝으로 테슬라의 이름을 각인시킨다. 이 순수 전기 스포츠카는 발표되자마자 멋진 디자인과 성능으로 대중의 눈길을 단번에 사로잡았다.

그러나 로드스터를 출시하고 양산을 시작할 때야 비로소 각종 문제가 터져 나왔다. 당시만 하더라도 전기차 제조에 필요한 부품 및 배터리 등 관련 공급망이 성숙하지 못했으므로 원래 팔려던 가격의 두 배인 약 20만 달러의 제조 원가가 들어갔던 것이다. 문제는 이미 많은 고객은 예약금을 걸고 차량 출고를 기다리고 있었다는 점이다. 약속된 날짜에 제때 차량을 공급하지 못하자 머스크는 사기꾼 취급까지 받게 됐다.

엎친 데 덮친 격으로 2008년 금융 위기까지 발발해 머스크는 집과 차량 등 개인 재산을 처분해 회사 자금을 대는 것은 물론, 여기저기 힘겹게 투자금을 유치하러 다녔다. 머스크가 워렌 버핏과 찰스 멍거에게 투자를 요청했다가 거절당한 것도 바로 이 즈음이다. 다행히 테슬라는 2010년 미국 에너지부로부터 미국 전기차 산업 발전을 위한 '선진 기술 자동차 제조 대출 프로그램(Advanced Technology Venicle Manufacturing loan program)'에 선정돼 약 4억 6500만 달러의 저금리 대출을 받고 자금 숨통이 트이게 된다. 신규 대출 자금과 로드스터를 개발한 경험을 가지고 테슬라는 다시 한번 세계 최초의 프리미엄 전기차 세단을 공개하게 되는데 이게 바로 모델S다.

1세대 로드스터는 고성능 스포츠카였으나 양산 능력 미흡과 제조 원가 절감 실패로 결국 전 세계적으로 고작 약 2000여 대가 판매되는 데 그쳤고 2012년경 단종됐다. 하지만 같은 해에 공개된 프리미엄 세단인 모델S로 인해 테슬라는 끝내 최고급 차량을 생산하는 전기차 선도 기업이라는 이미지를 대중에게 심어 주는 데 성공한다. 그리고 이번에는 로드스터의 전철을 밟지 않고 2년 만에 5만 대를 판매하는 기록을 세웠다.

테슬라는 안정적인 양산에 성공한 모델S에 이어서 프리미엄 SUV인 모델X, 보급형 세단 모델3, 보급형 SUV인 모델Y까지 차례로 발표하며 자신들의 라인업을 일단 완성한 모습이다. 즉, 고급 라인부터 발표하고 향후 보급형 라인을 생산하면서 테슬라의 판매 저변을 넓혀 가는 전략을 취했다고 볼 수 있다.

그렇다면 비야디는 어떻게 고급화 전략을 구사하고 있을까? 중국 왕조 시리즈를 발매하며 전열을 가다듬고 디자인과 성능을 대폭 향상한 비야디는 2023년 중저가 라인에서의 확장 한계를 느끼고 최근 해양 계열로 자사의 라인업을 더욱 풍부하게 넓혀 놓았다. 비야디가 출시한 새로운 프리미엄 브랜드인 양왕仰望에는 무려 수륙 양용 SUV 모델이 포함됐다.

양왕을 프리미엄 브랜드로 포지셔닝하겠다는 비야디의 의지는 홈페이지에서부터 보인다. 비야디(www.bydauto.com.cn)와 별도로 홈페이지(www.yangwangauto.com)를 갖추고 있기 때문이다. 양왕은 2024년 3월 기준 프리미엄 SUV인 U8, 고성능 스포츠카인 U9과 럭셔리 세단인 U7까지, 총 세 가지 라인업으로 구성돼 있다. 2023년 4월 상하이 모터쇼에서 처음으로 발표된 U8의 가격은 109만 위안((2억 114만 원)으로 책정됐다. 우리 돈 2억 원이 넘는 초고가의 차량인 셈이다. 시장 반응은 어땠을까? 사전 판매가 시작된 이후 48시간 만에 1만 3000대가 계약됐고 20일 만에 총 3만 대가 넘게 계약된 것으로 보도됐다. 2024년 2월 비야디에서는 고성능 스포츠카인 U9의 판매 가격을 168만 위안(3억 1002만 원)으로 공식 발표했다. 이와 더불어 비야디에서는 럭셔리 세단 U7을 새롭게 양왕 라인업에 추가했다. U7의 가격은 미정이다.

이렇듯 비야디가 프리미엄 브랜드를 공식적으로 론칭하여 이미지 제고와 고급 전기차 시장을 향한 도전장을 내민 것과 상반되게 테슬라는 오히려 자신들의 주력 모델인 모델3의 가격을 쉴 새 없이 인하하고 있다. 테슬라의 이 같은 가격 인하는 전기차 업계의 치킨 게임으로 번지고 있는데, 중국 시장뿐 아니라 미국 시장의 전기차 기업들마저 도산 위기에 처했다는 보도가 계속되고 있다. 과거 성장기의 반도체 산업처럼 전기차 시장에서 제로섬 게임이 계속되자 테슬라 역시 기존 비야디가 장악하고 있는 중저가 시장까지 영역을 확장하기 위한 진격을 시작한 것이다. 테슬라는 2019년 35만 위안(6458만 원)이상으로 판매하던 모델3의 기본 모델을 2023년 23만 위안((4244만 원)까지 인하했다. 2023년 9월 부분 변경된 모델3을 발표하면서 2만 위안 소폭 인상하긴 했으나 과거보다 무려 약 30퍼센트 할인한 가격으로 판매하고 있는 셈이다. 특히 최근 반년간 무려 5회 이상 점진적으로 가격을 인하하며 전기차 가격 경쟁에 불을 붙였다.

앞선 내용에서 미루어 짐작할 수 있듯 비야디와 테슬라의 타깃 고객군은 처음부터 아예 달랐다. 비야디의 신에너지 차량은 중국의 타 브랜드를 비롯한 기존 중저가 내연 차량의 잠재 고객을 신규로 유치하여 점유율을 높였다. 반면 테슬라는 벤츠, BMW, 아우디 등 고가 내연 차량의 점유율을 빼앗으며 성장했다. 그간 시장에서 서로 경쟁할 일이 적던 두 기업이 맞붙기 시작한 것은 신에너지차가 비단 선택이 아닌 필수로 자리 잡아 가는 국제적인 흐름과도 관련이 있다. 각자 포지셔닝한 시장을 넘어 전방위적인 전환이 일어날 것이기 때문이다. 비야디가 20~30만 위안(3690~5536만 원)대 가격의 차량 라인업을 늘려서 브랜드 전체에 힘을 실어 주는 동시에 테슬라의 모델S, 모델X 같은 프리미엄 차량을 상대하기 위한 새로운 브랜드까지 론칭한 이유다.

양사가 비슷한 가격대에서 경쟁 중이라는 것은 확인했다. 그렇다면 실제 주력 모델의 스펙과 가성비는 어떻게 다를까? 당장에 전기차를 살 계획이 없거나 전기차 관련 투자자가 아니더라도 이 둘의 라인업을 봐두는 것은 큰 도움이 될 수 있다. 이들의 경쟁이 비단 전기차끼리의 경쟁에 국한돼 있지 않기 때문이다. 실제로 20~30만 위안(3690~5536만 원)대 가격의 차량에서 현재 중국에서 가장 많이 팔리고 경쟁력 있는 차종은 바로 도요타, 혼다 등 일본계의 내연 기관 및 하이브리드 차량이다. 비야디와 테슬라의 가격 경쟁이 기존의 내연 기관 차량 시장까지 뒤흔들 수 있는 것이다. 지금 살펴볼 양사의 주력 모델 전쟁은 가까운 미래 우리에게 주어질 선택지에 관한 문제이기도 하다.

두 브랜드의 주력 모델을 분석하기에 앞서 스펙 분석에 있어서는 객관성 확보를 위해 국내 전기차를 대조군으로 설정하고자 한다. 우리에게 익숙한 국산 차종에 비해 비야디와 테슬라 차량의 스펙이 어떤지 알아야 보다 현실적인 비교가 가능하기 때문이다. 분석은 다음과 같은 순서로 진행한다. 먼저 라인업을 비교한다. 다음으론 전기차 핵심 스펙인 주행 거리의 측정 기준에 관해 논한다. 그리곤 주행 거리에 따라 양사의 모델이 얼마나 가격 경쟁력이 있는지를 국내 차종과 비교하며 알아본다. 다만 2023년 중국 신에너지 차량 보조금 중단과 더불어 테슬라가 주도한 가격 인하 경쟁으로 비야디도 같이 가격을 내리고 있어 자동차 가격 변동이 심하다는 것을 감안해야 한다. 이 책에선 2024년 3월 기준으로 양사의 주력 모델을 살펴본다.

라인업

우선 비야디를 보면 2022년 4월 내연 기관차 생산 중단을 선언한 이후 모든 라인업은 순수 전기차와 플러그인 하이브리드로만 구성돼 있고 크게 두 가지 카테고리로 나뉜다. 하나는 중국 역대 왕조 이름을 딴 왕조 계열이며 나머지 하나는 해양 선박 및 동물의 이름을 딴 해양 계열이다. 또한 비야디는 메르

세데스 벤츠와 합작해서 만든 '덴자Denza'라는 브랜드를 가지고 있다. 협업이 지지부진했는데, 속도감 있게 추진하고 싶어 하는 비야디 측에서 지분을 50퍼센트에서 90퍼센트로 늘렸다. 그리고 비야디보다 높은 가격대로 2022년에 미니밴 D9, 2023년에 중형 크로스오버 N7를 공개한 바 있다. 2023년 비야디는 양왕이라는 자체 최고급 프리미엄 브랜드를 론칭했다. 이제 비야디는 10만 위안(1845만 원) 이하의 최저가 엔트리 차량부터 168만 위안(3억 1002만 원)이 넘는 프리미엄 고가 브랜드까지 전부 갖춘 셈이다.

테슬라의 모델은 비야디에 비하면 매우 단순하다. 지금 시판되고 있는 모델은 S-E(3)-X-Y, 소위 말하는 섹시 라인업의 네 가지 모델이다. 2012년 고급형 프리미엄 세단 모델S, 2015년 고급형 프리미엄 SUV 모델X, 2017년 보급형 세단 모델3 그리고 2019년 보급형 SUV 모델Y를 발표하면서 라인업을 완성했다. 사이버 트럭은 2019년 공개됐으나 아직 시판 전이고 모델3보다 더 저렴한 모델2 발표도 예상되고 있다.

비야디의 왕조 계열은 친秦, 위안元, 송宋, 탕唐, 한汉 총 다섯 개로 구분돼 있다. 비야디 공식 사이트에서 차량별 최대 주행 거리는 중국 기준(CLTC·China Light-duty vehicle Test Cycle)과 유럽 기준(NEDC·New European Driving Cycle)이 혼용되고 있다. 이에 반해 테슬라 모델의 최대 주행 가능 거리는 모두 CLTC 기준으로 통일돼 있다. 객관적인 비교를 위해 전기차 최대 주행 거리의 기준부터 살펴본다.

주행 거리 측정 방식

일반적으로 전기차 최대 주행 거리 측정 방식은 먼저 네 가지를 꼽아볼 수 있다. 앞서 언급한 NEDC, WLTP(Worldwide Harmonized Light vehicle Test Procedure), EPA(Environmental Protection Agency) 그리고 한국 환경부 기준이다.

NEDC는 1970년대 처음 도입돼 오랜 기간 세계 표준으로 인정받은 주행 거리 측정 방식이지만 급가속, 에어컨 사용, 주행 모드 변경 등은 측정에 반영되지 않는다. 단순히 주행을 시작해서 멈출 때까지 달린 거리를 측정하는 방식이다. 실제 주행 환경과의 차이가 있는 것이다. 이 때문에 현실적인 주행 거리 측정을 위한 개선이 계속됐다. WLTP는 NEDC의 맹점을 보완하기 위해서 2017년부터 채택된 표준이다. 다양한 주행 환경 속에서 테스트를 진행하므로 이론적인 주행 거리를 측정하는 NEDC보다 훨씬 실제 운행 환경의 주행 거리와 가깝게 측정할 수 있었다. 이 때문에 현재 유럽의 경우 WLTP를 표준으로 삼는 경우가 많다. 한편 미국은 미국 환경보호청 EPA를 따른다. EPA는 앞선 두 표준보다 기준이 엄격한데 일반적으로 WLTP보다 최대 주행 거리가 10~15퍼센트

짧아진다고 알려져 있다.

그렇다면 한국의 측정 기준은 어떨까? 한국은 환경부가 전기차 주행 거리 인증을 담당하고 있는데 EPA 기준을 참고하여 만들었기에 EPA와 유사한 방식으로 테스트가 진행된다. 하지만 환경부는 EPA 기준에서 '5-Cycle'이라는 보정식을 추가로 대입한다. 시내 주행, 고속도로 주행, 급가속 및 고속 주행, 에어컨, 겨울철 낮은 온도 등의 상황을 고려해 보정하는 방식이다. 이 때문에 상기한 모든 기준에서 가장 주행 거리가 낮게 나오는 편이다. 전 세계에서 가장 까다로운 인증 기준을 지닌 만큼 이런 기준의 차이를 감안하고 한국 전기차의 최대 주행 거리를 볼 필요가 있다.

사실 변수는 더 많다. 전기차의 경우 저속에서 가속력이 좋고 고속 주행시 모터 효율이 떨어진다. 도심에서의 최대 주행 거리가 고속도로보다 오히려 길게 나오는 것이다. 따라서 어떤 주행에 중점을 두고 평가하느냐에 따라 또 최대 주행 거리가 달라진다. 정리하자면 동일 제조사, 동일 스펙의 차량이라고 해도 NEDC〉WLTP〉EPA〉한국 환경부 기준 순으로 최대 주행 거리가 줄어든다.

상기 네 가지 기준 외에 중국 자체적으로 만든 기준인 CLTC은 그렇다면 어떤 특징이 있을까? CLTC는 중국의 유일한 기준이므로 비야디 등 토종 브랜드는 물론이고 테슬라 등 중국에 진출한 글로벌 브랜드도 모두 이 기준으로 최대 주행 거리를 발표한다. 문제는 다른 기준에 비하면 상당히 후한 최대 주행 거리가 나온다는 점이다. 그러다 보니 이 기준에 대한 회의적인 시각이 존재한다. 통상 WLTP 기준은 CLTC 대비 80퍼센트 수준이며, EPA 기준은 CLTC 대비 70퍼센트 수준이다. 한국 환경부의 기준은 심지어 EPA보다도 엄격하므로 CLTC 대비 70퍼센트 이하로 추정된다.

이처럼 각 국가별 표준이 상이하니 일대일 비교는 어려운 측면이 있는 게 사실이다. 다만 비야디와 테슬라의 객관적인 평가를 위해 한국의 대표적인 전기차 모델인 현대 아이오닉5와 기아 EV6의 스펙과 가격을 먼저 살펴보고자 한다. 이들은 2023년 한국 내 전기 승용차 판매량 1~2위 차량이다.

스펙과 가격

먼저 아이오닉5의 최대 주행 거리는 롱레인지 2WD의 모델의 경우 485킬로미터(복합 연비 기준, 빌트인 캠 미적용)다. 아이오닉5의 기본 모델(E-Lite)은 5240만 원(세제 혜택 후, 이하 동일)에서부터 프레스티지 5885만 원까지 포진돼 있다. 추가 가능한 옵션은 제외한 가격이다.

기아 EV6의 경우 스탠다드 2WD 기준 370킬로미터이며, 롱레인지 2WD 기준 475킬로미터다. EV6의 기본 모델

(Light)은 4870만 원에서부터 롱레인지(GT-Line) 5995만 원까지 포진돼 있다. 기아 역시 추가 가능한 옵션은 제외한 가격이다.

두 차량을 종합해 보면 한국의 대표적인 전기차 스펙은 기본 트림 2WD 선택 시 평균 약 427킬로미터의 최대 주행 거리를 가지고 있다. 가격은 5000만 원 초반대를 형성하고 있다. 가격은 즉각 비교가 가능하지만 최대 주행 거리는 약간의 보정이 필요하다. 한국 환경부 기준은 중국 기준 CLTC보다 최소 30퍼센트 정도가 적게 나온다고 전제하고 보수적으로 약 610킬로미터를 한국 전기차의 기본 스펙으로 간주한다. 평균값인 427킬로미터를 0.7로 나눈 값이다. 참고로 현대차와 기아차 모두 홈페이지에서 해당 차량의 제로백 수치와 최고 속도는 공식적으로 명기하지 않고 있다.

비야디 차량의 스펙과 가격은 어떨까? 2013~2015년 사이에 출시된 친, 위안, 송, 탕 등 여러 가지 세단 및 SUV를 제외하고 2020년 이후에 출시된 비야디의 대표적 중형 세단인 한汉 모델과 하이바오(Seal·海豹·바다표범) 위주로 비교해 보고자 한다.

한은 2020년에 출시된 왕조 계열 중 가장 최신 모델이다. 중형 세단으로 처음부터 테슬라 모델3를 겨냥해서 나온 차량으로 순수 전기차 및 여러 버전의 플러그인 하이브리드 버전으로 나왔다. 순수 전기차인 한 EV(챔피언 버전)의 가격은 21~30만 위안(3875~5536만 원) 사이이며 최대 주행 거리는 506~715킬로미터다. 제로백은 3.9~7.9초 사이지만 고성능 차량 구입을 위해선 최저 가격보다 9만 위안(1660만 원) 즉 차 가격의 약 42퍼센트를 추가 지불해야 한다.

해양 계열에서는 소형차인 하이어우(갈매기)와 하이툰(돌고래), 준중형 세단 구축함驱逐舰05, 중형 SUV 호위함护卫舰07 등이 있다. 하이툰도 2022년 총 20만 4200대의 판매량을 기록해 중국 내 신에너지 차량 중 판매 순위 4위에 오를 정도의 인기 모델이다. 다만 편의상 2023년 5월 출시돼 테슬라 '모델3 킬러'로 많은 주목을 받은 하이바오 모델만 살펴본다.

한은 처음부터 테슬라 모델3와 경쟁하기 위해 출시된 모델이다. 2022년 중국 내 판매량은 27만 2400대로 테슬라 모델3의 판매량인 12만 4400대를 크게 제치긴 했지만 여전히 모델3는 강력한 상대였다. 하이바오는 이런 배경 속에서 모델3를 견제할 또 하나의 차량으로서 출시됐다. 하이바오의 챔피언 버전은 19~28만 위안(3506~5167만 원) 사이로 엔트리 가격대가 상당히 좋다. 최대 주행 거리는 550~700킬로미터, 제로백은 3.8~7.5초 사이다. 다른 비야디 순수 전기차와 마찬가지로 30퍼센트에서 80퍼센트까지 급속 충전 시 30분이 소요되며 배터리 용량은 61.4~82.5킬로와트시kWh이다.

전체적으로 한과 스펙의 차이가 크진 않지만 일단은 해양 계열의 새로운 라인이라는 점, 이제껏 아우디의 냄새가 풍기는 드래곤 페이스를 탈피했다는 점 때문에 시장의 반응이 좋은 편이다.

비야디 대표 모델인 한과 하이바오 기본 트림의 최대 주행 거리 평균값은 528킬로미터로 한국 현대, 기아차의 평균값인 610킬로미터보다 약 13퍼센트 정도 짧다. 상기한 대로 CLTC 기준과 한국 환경부 기준의 격차를 보수적으로 30퍼센트만 뒀기에 실제 운행 시는 현대, 기아차의 주력 차종이 13퍼센트보다 더 길게 주행할 가능성이 크다. 하지만 비야디는 전체적으로 저렴한 가격이 강점이다. 동급 모델의 최하위 트림으로 비교하면 약 30퍼센트가량 저렴하다.

테슬라의 네 가지 주력 모델의 최대 주행 가능 거리, 가격 등의 스펙은 다음 표와 같다.

고급형 세단 모델S의 가격은 69.89~82.89만 위안(1억 2897만 원~1억 5296만 원) 사이고 최고 시속은 250~322킬로미터이며, 제로백은 2.1~3.2초다. 최대 주행 거리는 CLTC 기준 672~715킬로미터 사이다. 2023년 9월에 모델S 역시 기본 트림은 11만 위안, 상위 트림은 20만 위안 인하됐다. 부분 변경이 된 모델3 외에는 모든 모델이 전체적으로 가격이 인하됐다.

테슬라 모델 비교(2024년 3월 기준)

구분	모델3 (보급형 세단)	모델Y (보급형 SUV)	모델X (고급형 SUV)	모델S (고급형 세단)
시판 가격	24.59~31.19만 위안(4537~5755 만 원)	25.89~36.39만 위안(4777~6715 만 원)	73.89~83.89만 위안(1억 3535만 원 ~1억 5481만 원)	69.89~82.89만 위안(1억 2897만 원 ~1억 5296만 원)
최고 시속	200km/h	217~250km/h	250~262km/h	250~322km/h
제로백	4.4~6.1초	3.7~5.9초	2.6~3.9초	2.1~3.2초
최대 주행 거리	CLTC 기준 606~713 킬로미터	CLTC 기준 554~688 킬로미터	CLTC 기준 664~700 킬로미터	CLTC 기준 672~715 킬로미터
시판 모델	스탠다드(기본), 롱레인지	스탠다드(기본), 롱레인지		

중국에서 시판하는 테슬라 보급형 세단인 모델3와 현대·기아차를 비교하면 최대 주행 거리는 현대 아이오닉5가 우위에 있다. 참고로 이는 한국에서 시판 중인 모델3와 현대·기아차 주력 모델과 비교할 때도 비슷하게 적용된다. 기본 트림 기준으로 모델3의 최대 주행 거리는 403킬로미터(한국 환경부 기준)이고 현대 아이오닉5의 최대 주행 거리는 485킬로미터다. 그러나 테슬라 중국 시판 가격대는 모델3 기본 트림 기준으로 4500만 원대로 오히려 현대·기아차보다 더 저렴하

다. 2024년 3월 기준으로 모델3의 한국 시판 가격은 확인할
수 없으나, 모델 Y의 한국 시판 가격이 5499만 원인 것을 감
안하면 중국에서는 비야디 등과의 경쟁으로 확연하게 저렴히
판매하는 것을 알 수 있다. 모델3의 한국 시판 가격대가 6000
만 원 내외인 것을 감안하면 중국에서는 비야디 등과의 경쟁
으로 확연하게 저렴히 판매하는 것을 알 수 있다. 테슬라 모델
3의 제로백은 6.1초대로 비야디 한(7.9초대)과 하이바오(7.5초
대)보다 뛰어난 주행 성능을 보여 준다.

결론적으로 테슬라는 뛰어난 브랜드 인지도, 주행 성능
과 더 긴 최대 주행 거리를 가지고 있음에도 비야디에 비해
약 20퍼센트밖에 높지 않은 가격대로 기본 모델 차량을 판매
하고 있다. 브랜드 포지셔닝와 관련 스펙은 테슬라가 확실히
뛰어나지만 노후화된 연식, 선택 가능한 차종의 제약과 상대
적으로 높은 가격 등의 이유로 인해 2023년 상반기 기준 비
야디의 신에너지차량 판매량이 115만 5000대로 테슬라의
29만 4000대보다 약 네 배 이상 높게 나타났다.

과연 비야디는 테슬라에 비해서 어떤 점이 뛰어나서 그
런 판매량을 기록했을까?

배터리를 비롯한 전기차 하드웨어 강자, 비야디

전기차 제조 원가의 약 40퍼센트를 차지할 정도로 중요한 배

터리 기술력에 대해 비야디가 어떤 면모를 보여 주고 있는지 이미 앞서 살펴본 바 있다. 배터리 외에도 비야디는 전기차 하드웨어에 강점을 보이고 있다.

따라서 비야디의 첫 번째 장점으로 전기차 핵심 부품의 제조 능력과 공급망 관리가 잘 돼있다는 점을 꼽을 수 있다. 그들은 자동차 제조의 수직 계열화를 완성해 유리와 타이어를 제외한 대부분의 차량 부품을 인하우스로 제작할 수 있는 능력을 갖추고 있다. 전기차의 삼대 핵심 요소인 파워트레인 (구동계), 플랫폼, 배터리를 중국 내에서 자체 제작이 가능하므로 미중 갈등과 같은 국제 정세에 따라 생산이 중단될 위험이 적다.

물론 테슬라도 수직 계열화로 유명하다. 여타 내연 기관 자동차 기업에 비하면 기가팩토리Gigafactory를 통한 공정 효율화가 잘돼 있고 대형 캐스팅 장비와 독자적 배터리 기술을 갖추기도 했다. 그러나 테슬라는 본사가 있는 미국 외에 중국 상하이를 비롯한 해외 생산 기지가 많으므로 외부 요인에 영향받을 가능성이 상대적으로 크다. 비야디는 원래 배터리 기업이었으므로 배터리는 제외하고 그들의 파워트레인과 차량 플랫폼을 살펴보자.

비야디는 오랜 투자와 연구 개발을 거쳐 파워트레인의 핵심인 모터와 인버터 기술까지 상당히 발전시켰다. 물론 차량용 반도체는 종류가 다양하고 독일 인피니언Infineon 같은 반도체 전문 기업의 수준에는 아직 못 미치나 비야디는 IGBT(Insulated Gate Bipolar Transistor)라고 불리는 전력 반도체 분야에서 상대적으로 경쟁력을 높여 가고 있다. 풀어 쓰면 절연 게이트 양극성 트랜지스터로 단어는 어렵지만 원리는 쉽다. 전기차에서는 배터리의 직류 전기를 교류 전기로 바꾸어 모터에 공급해야 한다. 그 역할을 하는 인버터의 핵심 부품이 바로 IGBT이다. 즉, 전력 반도체는 시스템이 필요로 하는 전압과 전류를 변환하고 시스템 전체의 전력을 관리하는 임무를 수행한다. 따라서 배터리 성능이 좋아도 파워트레인의 전력 반도체 성능이 떨어진다면 당연히 최대 출력, 최대 주행 거리 등이 떨어질 수밖에 없다. 비야디는 차량용 반도체인 IGBT 말고도 차량의 크고 작은 기능을 컨트롤하는 초소형 컴퓨터 MCU(Micro Controller Unit) 등을 주로 만들고 있다. 다만 아직은 비야디 자체 납품이 많다. 2021년 기준 중국 내 IGBT 시장 점유율 20퍼센트를 기록하며 독일 인피니언에 이은 2위를 기록하고 있지만 아직 글로벌 선도 기업 수준 기술에는 비할 바가 아니라는 게 업계의 중론이다.

2010년 비야디는 처음으로 자사에서 연구·개발한 IGBT 1.0을 출시하고, 지속적인 업그레이드를 통해 2018년 IGBT 4.0을 공개했다. 비야디는 이를 통해 전기차 출력을 경쟁사 대비 15퍼센트 향상, 에너지 소모를 20퍼센트 이상 절감했고 수명도 10배 이상 향상했다고 밝혔다. 비야디의 IGBT 4.0 발표 자료를 보면 비야디의 자신감을 읽을 수 있는데 자신들을 중국 내에서 유일하게 IGBT의 전체 공급망을 보유한 자동차 기업이라고 홍보하고 있다. '원자재 연구·개발-칩셋 설계-웨이퍼 제조 - 모듈 설계 및 제조-IGBT 차량 탑재'까지 모두 다 비야디 자체적으로 한다는 의미다. 2021년 5월, 업그레이드된 버전인 IGBT 6.0을 공개한 비야디 측에 따르면 2020년 기준으로 100만 대 이상의 차량에 자사의 IGBT를 탑재했으며 해당 차들의 주행 거리는 총 100만 킬로미터를 초과했다.

무엇보다 차량 기업의 핵심은 생산력일 것이다. 여기에 가장 큰 영향을 미치는 것 중 하나가 플랫폼이다. 비야디의 전기차 플랫폼은 'e플랫폼 1.0'에서부터 3.0까지 많은 발전을 해왔다. 1.0은 내연 기관 플랫폼을 일부 개조한 것으로 2012년 E6 모델이 이 플랫폼에서 생산된 대표 차량이다. 2.0은 처음부터 내연 기관, 전기차 겸용으로 개발됐고 2018년의 탕唐과 2020년의 한汉이 대표 차량이다. 3.0은 드디어 순수 전기차 전용 플랫폼이다. 2022년에 발표한 해양 계열의 하이바오가 대표 모델이다. 다양한 신기술이 적용되었지만 위에서 언급한 셀투바디(CTB) 기술로 차체 효율을 높였다. 또한 전기차 전용 플랫폼으로 길어진 축거(휠베이스, 앞뒤 바퀴의 거리)로 같은 세그먼트의 차량에서 훨씬 더 큰 실내 공간을 설계할 수 있게 됐다.

이에 반해 테슬라는 처음부터 아무리 당시 글로벌 최고 수준의 플랫폼 및 설계를 채택했다지만 모델S가 2012년에 발표된 지 어언 11년이 지났고 모델3도 2017년 발표돼 햇수로 벌써 6년이 넘었다. 테슬라는 경쟁사에 비해 압도적으로 뛰어난 원격 소프트웨어 업그레이드로 차량의 운영 버전을 손쉽게 최신으로 유지할 수 있다. 그러나 이와는 별개로 푹 익은 사골 느낌의 차량 디자인 및 하드웨어가 신선함이 떨어진다는 것은 부정할 수 없다. 그나마 최근 발표된 모델Y도 어차피 모델3와 70퍼센트 이상의 제품을 공유하므로 두 모델도 하드웨어 상의 큰 차이는 없다. 만약 테슬라 모델S를 구입한다고 가정하면 당장 신차를 사도 10년 이상 된 동일 모델의 중고차와 외관상 단번에 구분하기 쉽지 않다는 뜻이다. 기존 구매 고객은 계속 신차를 타는 기분이 들 수도 있으나 신규 고객은 손해 보는 느낌이 들 수도 있다.

두 번째로 비야디는 테슬라에 비해 다양한 라인업을 가지고 있다. 10만 위안(1845만 원) 미만의 저가 차량부터 100만 위안(1억 8454만 원) 이상의 프리미엄 브랜드까지 모든 가격대에 제품이 포진해 있으며 경차, 준중형, 중형 세단, SUV,

스포츠카 등의 여러 차종을 아우르고 있다. 비록 지금까지 비야디는 중저가 차량에서 주로 매출이 발생하고 있어서 고가 차량의 성공 여부는 앞으로 지켜봐야 한다. 그러나 일단 저렴한 차량에서 가성비를 희망하는 소비자부터 럭셔리 차량 구매자까지 모두 다 흡수할 수 있는 기반을 마련한 것은 사실이다.

다양한 모델에 이어 비야디는 구동계(파워트레인)에서도 두 가지 선택지를 제공하고 있다. 중국에서 신에너지 차량으로 분류되는 순수 전기차와 플러그인 하이브리드PHEV가 바로 그것이다. 즉, 전기차만 제조하는 테슬라보다 한 가지 옵션이 더 있는 것이다. 2020년대 들어서 글로벌 자동차 시장의 대세가 전기차로 기울고 있고 제조사 및 소비자도 그 점에 대해서는 이미 학습이 된 상황이다. 그럼에도 여전히 순수 전기차보다는 내연 기관이 포함된 플러그인 하이브리드 차량을 선호하는 소비자가 상당히 많다. 여기엔 전기차가 아직 완벽하게 극복하지는 못한 최대 주행 거리와 충전 편의성에 대한 우려가 큰 부분을 차지한다. 게다가 2023년부터 지급이 중단된 전기차 보조금은 1만 2600위안(232만 원)이고, 플러그인 하이브리드 보조금은 4800위안(88만 원)이므로 전기차만 생산하는 테슬라의 타격이 상대적으로 더 컸다. 이 부분도 최근 테슬라 가격 인하 결정에 영향을 줬다.

미국과 마찬가지로 중국 역시 넓은 국토를 가지고 있는 나라다. 국내 이동 시에도 전기차의 최대 주행 거리를 넘어서는 1000킬로미터 이상의 장거리 주행이 빈번하게 일어난다. 중국 남부에 있는 선전을 기준으로 수도 베이징까지는 2000킬로미터가 넘고, 상하이도 약 1500킬로미터 떨어져 있다. 같은 광둥성 내의 지근 거리라고 하는 광저우도 130킬로미터 떨어져 있다. 이런 장거리를 자주 뛰어야 하는 소비자의 관점에서 아직까지 순수 전기차는 꺼리게 되는 옵션이다. 급속 충전 시설을 이용해도 20퍼센트에서 80퍼센트까지 충전하는데 최소 15분 이상 소요된다. 또한 중국 북부에 소재한 동북 3성(지린성, 랴오닝성, 헤이롱장성)처럼 동절기가 긴 지역에서 전기차의 최대 주행 거리가 제조사에서 명시한 스펙보다 훨씬 짧게 나오는 동시에 배터리 충전 소요 시간이 더 길어지는 점도 무시할 수 없다. 홍콩처럼 언덕이 많고 가파른 지역에서도 전기차의 최대 주행 거리는 확연하게 줄어든다. 따라서 플러그인 하이브리드와 같이 내연 기관과 전기 모터를 같이 사용하는 걸 선호하는 소비 집단은 엄연히 존재한다. 게다가 비야디 PHEV 차량의 연비는 최소 리터당 20킬로미터 이상이므로 하이브리드 원조이자 최강자인 도요타와 비교해도 밀리지 않는다.

세 번째로 비야디는 아직까지 판매량을 늘릴 수 있을

만한 공간이 테슬라에 비해 큰 편이다. 이유는 간단하다. 테슬라는 이미 글로벌 시장을 공략하고 있지만 비야디는 대부분의 매출이 아직까지 중국 내수에서만 일어났기 때문이다. 2022년 비야디가 판매한 약 180만 대 차량 중 수출은 5만 5000여 대에 불과하다. 2022년 중국이 수출한 차량은 311만 대이며 그중 신에너지 차량이 약 68만 대다. 비야디의 중국 시장 점유율에 비하면 비야디의 수출 비중은 적은 편이므로 지금까지는 중국 시장에 집중한 것으로 보인다. 만약 비야디가 본격적으로 해외 시장 개척에 나서게 된다면 판매량이 증가할 여지가 충분하다. 차량 제조는 양산 규모의 게임이다. 100만 대 생산 시 한 대당 제조 원가와 10만 대 생산 시 한 대당 제조 원가는 차원이 다르다. 판매량이 많아진다는 것은 규모의 경제에 따라 제조 원가가 절감돼 영업 이익율이 높아진다는 뜻이다. 따라서 모든 완성차 기업들은 항상 판매량을 끌어올리기 위해 많은 노력을 하고 있다.

네 번째로 비야디는 자신들의 주력 시장인 중국 안방에서 확실히 소비자에게 매우 긍정적으로 어필하고 있다. 비야디의 중국 내 판매량이 이를 여실히 증명한다. 테슬라는 높은 영업 이익률을 바탕으로 2022년부터 가격 인하 전쟁을 벌였음에도 비야디의 독주를 막지 못하고 있다. 특히 지난 2022년 말 약 3개월간 한국과 중국 등에서 무려 네 차례에 걸친 가격 인하를 단행했다. 무섭게 치고 올라오는 비야디를 견제하고 연말 판매량을 최대한 끌어올리려는 시도였다. 그럼에도 전 세계 신에너지 차량 판매량 1위는 결국 테슬라가 아닌 비야디가 차지했다. 심지어 2023년 1월 테슬라는 모델3와 모델Y의 후륜 구동 모델의 가격을 각각 3만 6000위안, 2만 9000위안을 추가 인하했고 비야디는 역으로 차량 가격을 인상했음에도 판매량에서 여전히 비야디가 테슬라를 앞질렀다.

이런 뛰어난 판매 상황에 힘입어 2023년 1분기 비야디 순이익은 41억 3000만 위안으로 전년 동기 대비 무려 410.9 퍼센트 급증했다. 비야디의 2020년과 2021년의 연간 누적 순이익을 보면 각각 42억 3400만 위안과 30억 4500만 위안으로 2023년 1분기에 올린 순이익만으로 이미 과거 1년 전체의 순이익만큼 수익을 창출했다. 엄청난 성장세다.

마지막으로 중국 내수 시장에서 중국 정부는 철저히 비야디 편에서 서 있다는 사실이 비야디에는 큰 힘이다. 그 전에 짚어 봐야 할 것은 중국이 외견상 테슬라를 위해서 파격적인 혜택을 제공했다는 사실이다. 상하이 기가팩토리의 지분 100 퍼센트를 테슬라가 가져가도록 승인해준 것이 그 시작이다. 중국에서 현지 기업과 지분을 나누지 않고 공장을 설립한 글로벌 자동차 브랜드는 테슬라가 유일하다. 또한 상하이 정부는 테슬라에 법인세 25퍼센트를 15퍼센트로 감면해 줬다. 게

다가 착공 1년 만에 가동을 개시할 정도로 중국 정부는 테슬라의 기가팩토리 프로젝트를 전폭적으로 지원했다. 이런 파격적 지원은 테슬라가 특별히 대우했다기보다는 중국 정부의 전기차 산업 육성의 큰 그림이었다. 테슬라의 폭발적 성장과 함께 중국 신에너지 차량 시장도 커졌기 때문이다.

테슬라에 대한 지원 이전에 중국 정부는 자국 관련 기업의 육성에 큰 공을 들이고 있었으며 그 대표적인 수혜자가 비야디다. 지금까지 가장 많은 전기차 관련 보조금을 받은 것도 비야디이며, 선전시뿐 아니라 많은 도시가 택시나 버스를 교체할 때 비야디를 우선적으로 선정했다. 결국 테슬라가 나서서 키운 신에너지 차량 시장의 파이를 이제 비야디와 중국 기업들이 나눠 먹고 있는 실정이다. 비야디는 중국 역대 왕조의 이름을 따서 모델을 명명했고 차내 편의 장비에 오직 한자만을 적용하여 중국 정부의 방향에 충실하게 발맞춰 중화사상을 고취했다. 전체적인 품질, 성능이나 브랜드 이미지가 테슬라에 비해 떨어진다는 것은 중국 소비자들도 당연히 알고 있다. 그럼에도 중국 내수 시장에서 테슬라보다 월등한 판매량을 보여 주고 있다는 것은 숫자나 이성으로 이해하기 어려운 '감성'의 영역이 있다는 것은 확실하다. 비야디는 이를 영리하게 잘 활용하고 있다. 물론 이것들이 향후 글로벌 시장에서 어떻게 작용할지는 또 다른 문제다. 비야디도 이런 점을 어느 정도 인식하고 향후 수출 증대를 위해 제삼자가 보기에 중화사상이 다소 과하게 녹아있는 왕조 시리즈 이후 최근 몇 년간 해양 시리즈를 지속적으로 출시하지 않았을까 추측해 본다.

내연 차량에서 전기차로 가는 길목의 전반부에서 비야디는 확실히 잘 대처하고 있다고 총평할 수 있다. 그러나 개인 모빌리티의 끝은 전기차가 아니다. 미래 모빌리티의 전장이 진정한 스마트카로 바뀌는 후반부에서 비야디가 자율 주행을 비롯한 소프트웨어 싸움에서 제대로 대처하지 못하는 순간 전세는 언제든지 바뀔 수 있다.

그렇다면 라이징 스타 비야디에 맞서는 테슬라의 장점은 무엇일까?

전기차의 원조이자 혁신의 아이콘, 테슬라

우선 테슬라는 비야디와는 같은 선상에서 놓고 비교하기도 미안할 정도로 전 세계적으로 높은 인지도와 고급스럽고 혁신적인 브랜드 이미지를 가지고 있다. 지금까지 테슬라가 지나온 길이 바로 전기차의 역사였으며 전기차 산업 전체를 선도하는 위상을 가지고 있기 때문이기도 하다. 아직은 글로벌 시장보다는 중국 내 선호도만 비교적 높은 비야디와는 큰 차이점이다.

애플, 맥도날드, 메타, 스타벅스, 코카콜라, 나이키, 넷플릭스 등은 이미 자기 분야에서 확고한 글로벌 선도 기업의 위치를 지니고 있다. 테슬라 역시 현재 미국, 독일, 중국 지역에서 전기차를 제조 및 판매하면서 점점 더 자신만의 정체성을 소비자들에게 강하게 심어 주고 있다. 비록 비야디가 중국 내에서 많은 판매량을 올리고는 있지만 여전히 아직은 우물 안 개구리라고 할 수 있다. 중국 시장이 크다고는 하지만 글로벌 시장보다 클 수는 없기 때문이다. 비야디가 전기차 분야에서 위에 나열한 글로벌 선도 브랜드의 반열에 오르려면 가격, 품질 및 성능은 기본이고 브랜드 이미지와 마케팅 방향이 글로벌 스탠더드에 맞춰져야 한다. 사실 이는 비야디만의 문제가 아니다. 여러 중국 브랜드는 분야를 불문하고 아직까지 내수 시장에 집중하며 글로벌 스탠더드와는 따로 가는 경향이 있다. 미중 갈등 격화로 중국을 향한 디커플링decoupling, 디리스킹de-risking 등이 부각되며 중국의 갈라파고스화는 앞으로 더 심해질 수 있다. 중국 브랜드 중에서는 거의 유일하게 틱톡이 최초로 동영상 쇼트폼 플랫폼이라는 신규 분야를 개척하면서 글로벌 선도 브랜드로 올라선 바 있다.

두 번째로 테슬라는 소프트웨어와 하드웨어가 결합된 서비스 분야에서 압도적인 경쟁력을 갖고 있으며 이를 영리하게 이용하여 차량 판매 이외의 이익을 거두고 있다. 우선 테슬라는 비야디뿐 아니라 지금까지 어떤 기업도 따라오지 못하는 수준의 자율 주행 시스템을 가지고 있으며 지금도 이 기술을 끊임없이 업그레이드하고 있다. 테슬라는 '완전 자율 주행(Full Self Driving·FSD)'이라는 서비스를 테슬라 차량 소유주로부터 별도의 구독료를 받고 제공하고 있다. 사람의 개입이 필요 없다는 인식을 주는 서비스 명칭이라는 논란은 있지만 그만큼 테슬라의 자신감이 반영된 이름이기도 하다. 2022년 기준으로 완전 자율 주행 기능을 일시불로 구입하는 것은 1만 2000달러이고 일시불이 부담될 시 월간 199달러를 내야 한다. 모건스탠리는 아직까지 FSD 등의 구독 서비스는 테슬라의 영업 이익에 기여도가 크진 않지만 향후 그 비율이 25퍼센트까지 늘 것으로 전망했다. 지금은 구독 서비스 종류가 많지 않지만 향후 자율 주행 기술이 더욱 발전하고 차에서 사람이 직접 운전할 필요성이 사라지면 관련 구독 서비스가 더 많아질 것으로 예상된다.

또한 테슬라는 외연 확장을 위해 동종 업계 최초로 데이터 센터를 구축하겠다고 밝힌 바 있다. 이는 테슬라가 빅데이터 기업을 넘어 빅테크 기업으로 탈바꿈하겠다는 의지를 표명한 것으로도 읽을 수 있다. 데이터 센터 구축, 즉 CPU·GPU 등의 하드웨어를 준비해 놓겠다는 것은 소프트웨어 중심인 클라우드 산업(SaaS·Software as a Service)에 진출하겠다는 것이므로 기존 클라우드 분야의 과점 사업자인 아마존, 마이크로소프트, 구글 등은 경계심을 품을 수밖에 없다. 물론 테슬라가 이들에게서 점유율을 뺏어 클라우드 사업자로의 변신을 꿈꾸는 것은 아닐 것이다. 다만 테슬라의 데이터 센터는 향후 자체 설계한 자율 주행 전용 AI 전용 반도체인 '도조DOJO'의 생산에 활용될 수 있다는 점이 중요하다. 추후 다른 자동차 기업에서 차만 가져오면 자율 주행 플랫폼인 FSD과 관련된 모든 소프트웨어와 하드웨어까지 모두 구축해서 탑재해 주겠다는 비즈니스 계획이 실려있을 수도 있다. 비단 자율 주행뿐만 아니라 테슬라는 이미 에너지 저장 장치(ESS) 및 차내 엔터테인먼트 등에서 광범위하게 클라우드를 활용하고 있다. 즉, 클라우드 구축은 일련의 다양한 산업에 힘을 실어 줄 수 있는 원동력인 셈이다. 자율 주행 기술이 발달할수록 차량은 하나의 이동 플랫폼이 되고 콘텐츠 등 부가 서비스의 중요도가 올라갈 것이 자명하기 때문에 테슬라의 선제적 투자는 비야디와의 향후 격차에 큰 영향을 줄지도 모른다.

테슬라에 비해 비야디의 소프트웨어 경쟁력은 아직은 걸음마 수준이다. 특히 비야디는 다른 기업에 비해서 자율 주행 방면에서는 비교적 낙후돼 있다는 평가를 받는다. 이는 내부 인사의 발언 등에서도 이유를 쉽게 유추해볼 수 있다. 2023년 4월 상하이모터쇼에서 비야디 브랜드의 대변인 리윈

페이李云飞는 사람과 완전히 분리된 자율 주행은 기본적으로 불가능하다고 밝힌 바 있다. 이는 대변인 차원의 인식이 아니라 최고 경영자인 왕촨푸의 인식이기도 하다. 왕촨푸 역시 완전 자율 주행은 어렵다는 견해를 여러 차례 밝힌 적 있기 때문이다. 그렇다고 비야디가 아예 자율 주행에서 손을 놓고 있는 건 아니다. 비야디는 중국 내 가장 선진적인 자율 주행 기술을 보유하고 있는 바이두와의 협업으로 새롭게 출시되는 차량에는 가급적 다양한 운전 보조 시스템을 넣으려고 노력하고 있다. 또한 2022년 출시된 하이바오 모델에는 드디어 무선 소프트웨어 업그레이드를 통해 차량의 각 하드웨어를 최적화할 수 있도록 했다. 이제야 테슬라가 진즉부터 하고 있던 선진적인 업그레이드 방식을 따르게 된 것이다. 다만 여전히 테슬라와 같은 각종 자율 주행 관련 구독 서비스는 제공되지 않으며 이에 따라 차량 판매 이후 별도의 지속적인 수익은 창출하지 못하는 상황이다.

세 번째로 테슬라는 2022년 글로벌 자동차 업계에서 가장 높은 수준인 16.2퍼센트의 영업 이익률을 기록했다. 테슬라의 영업 이익률은 비단 비야디보다 높은 것이 아니라 글로벌 완성차 브랜드 중에서 가장 높은 수준이었으나 2023년부터 시작된 가격 인하 경쟁으로 영업 이익율이 대폭 감소했다. 업계에서 다른 기업보다 높은 영업 이익률을 기록했다는

2019~2023년 비야디 매출 총이익과 순이익

구분	2023	2022	2021	2020	2019
매출액	602,315	424,060	216,142	156,597	127,738
매출 총이익	121,757	72,244	28,114	30,346	20,814
매출 총이익률(%)	20	17	13	19	16
순이익	30,040	16,622	3,045	4,234	1,614
순이익률(%)	5.0	3.9	1.4	2.7	1.3

* 출처: 2023년 비야디 연간 보고서(2024년 3월 26일 발표), 단위: 100만 위안

것은 어느 한 가지만 잘해서는 불가능하다. 이 때문에 영업 이익률은 기업의 종합 평가 점수라고 해도 과언이 아니다. 제조기업은 최대한 높은 가격에 최대한 많은 제품을 판매해야 하며 제조 원가를 최소로 낮춰야 한다. 하나씩 따져 보면 생각해보면 테슬라는 비야디보다 여러 가지 면에서 높은 영업 이익률을 기록할 수밖에 없는 조건을 갖추고 있다. 냉정하게 위계를 구분하자면 앞서 이야기한 브랜드 포지셔닝과 자율 주행 등의 구독 서비스로 얻는 수익도 높은 영업 이익률에 기여하는 일부분일 뿐이다.

테슬라와 비야디 양 사의 영업 이익률을 보자. 2023년 기준 테슬라의 영업 이익률은 9.2퍼센트로 2022년 16.2퍼센

2020년 4분기와 2022년 3분기 완성차 기업 대당 순이익

브랜드명	2020년 4분기	2022년 3분기	증감액
테슬라	1,495	9,574	8079
GM	1,344	2,150	806
비야디	1,575	1,550	-25
도요타	2,823	1,197	-1626
폭스바겐	3,022	973	-2049
현대	840	927	87
포드	-2,252	-762	1,490
샤오펑	-9,179	-11,735	-2,556
니오	-12,966	-19,141	-6,175

* 출처: 로이터, 단위: 달러

트에서 큰 폭으로 하락했다. 그러나 인베스팅닷컴Investing.com
에 따르면 테슬라의 순이익률은 여전히 약 15.5퍼센트를 기
록하고 있다. 반면 비야디는 2023년 영업 이익률과 순이익률
모두 5퍼센트 내외를 기록했다. 비록 판매량 급증에 힘입어
2022년에 비해 큰 폭으로 개선되었으나 여전히 테슬라에 비
해서는 많이 부족하다.

차 한 대 팔아서 남기는 돈도 비야디가 테슬라에 한참 밀린다. 영국 로이터통신에서 분석한 2022년 3분기 기준 기업별 차량 한 대당 순이익에서 테슬라는 9574달러, 비야디는 1575달러를 기록했다. 물론 여전히 높은 수치다. 같은 조사에서 현대자동차의 대당 순이익은 927달러를 기록했다. 물론 영업 이익이 높은 게 만사는 아니다. 그러나 영업 이익이 높으면 최근 전기차 업계의 최대 화두 중 하나인 '치킨 게임chicken game'에 유리하다. 실제로 2023년부터 테슬라는 자사의 높은 영업 이익률을 바탕으로 지속적으로 가격을 인하하며 시장 점유율을 방어하고 있는 중이다.

그렇다면 이런 영업 이익률의 차이는 왜 발생하는 것일까? 우선 가격 측면을 보면 테슬라는 세계적인 브랜드 인지도와 프리미엄 전략으로 높은 가격을 유지했었다. 2022년 기준 국가별로 상이하나 대당 평균 판매 가격은 약 5~6만 달러 이상으로 비야디의 대당 평균 판매 가격인 17만 위안의 두 배가 넘는다. 판매 수량도 2022년 기준 130만 대를 기록해 180만 대를 판매한 비야디보다는 밀렸지만 플러그인 하이브리드를 제외하고 순수 전기차만 놓고 보면 비야디보다 약 40만 대 이상을 더 팔았다. 경쟁사보다 비싼 가격에 많은 차량을 팔았으므로 남다른 영업 이익률의 첫 번째 전제 조건이 완성됐다.

제조 원가 부분을 보면 더욱더 테슬라의 강점이 드러난

다. 앞서 비야디와 테슬라의 주력 차량 모델을 살펴본 것처럼 비야디는 여러 차종을 갖추고 있어서 선택의 폭이 넓다고 언급했다. 그러나 많은 차종을 생산하는 것은 그만큼 큰 비용이 든다는 뜻이다. 비록 차량 플랫폼은 차량 세그먼트별로 일부 공유할 수 있지만 차량 모델별로 당연히 각종 부품이 다르게 제작되고 조립될 수밖에 없다. 이는 고스란히 제조 원가 상승에 반영된다. 10만 위안(1845만원)대의 경차부터 100만 위안(1억 8545만 원)대의 럭셔리 카까지 다양한 모델을 갖춘 비야디에 비해서 테슬라는 단출한 라인업을 가지고 있다.

현재 시판 중인 테슬라 차량은 네 종 중 모델X, 모델S 2종은 고급 라인으로 높은 가격 때문에 판매량이 매우 적은 편이다. 2022년 모델X, S는 총 6만 6000대 정도 판매됐다. 보급형인 모델3과 모델Y가 124만 7000대가량 판매돼 전체 판매량의 약 95퍼센트를 차지한 셈이다. 모델3, Y의 플랫폼은 당연히 공유되며 그 외 전체적으로 70퍼센트 이상의 부품이 두 가지 차종에 공통으로 쓰인다. 모델 3, Y의 부품 공유율이 매우 높으므로 약간 과장을 보태면 테슬라는 딱 한 가지 차종으로 무려 연간 약 120만 대 이상을 팔아치우고 있는 괴물인 셈이다. 적은 차종으로 소비자의 선택 폭이 제한된 것은 사실이다. 하지만 일단 차량이 팔리기만 한다면, 다른 기업은 단출한 모델 구성으로 제조 원가를 극단으로 줄여 버린 테슬라의 영업 이익률을 쫓아갈 엄두조차 내지 못한다.

다만 최근 들어서 비야디의 판매량이 급증하고 테슬라가 이를 저지하고자 공격적으로 가격을 인하한 결과 비야디의 2023년 2분기 영업 이익률은 18.7퍼센트에 달했고 테슬라는 9.6퍼센트에 그쳤다. 이는 테슬라가 영업 이익률보다는 시장 점유율 확보에 더 큰 방점을 둔 것으로 해석된다. 가격 인하로 테슬라의 판매량은 늘었음에도 불구하고 미래의 불확실성에 대한 시장의 우려로 테슬라의 주가가 전년대비 하락 추세를 보이고 있다.

또한 테슬라는 비야디에 비해 수직 계열화 수준이 낮다. 다만 비야디에 비해서 낮다는 것이지 테슬라의 수직 계열화 혹은 내재화 비율도 낮은 편은 아니다. 테슬라 전용 충전기인 슈퍼차저, 자율 주행 및 각종 콘트롤 소프트웨어, 반도체 설계, 카시트까지 대부분을 자체적으로 제작하고 있다. 비야디와의 차이점이라면 아직까진 배터리는 한국, 일본, 중국 등의 배터리 전문 기업에 맡기는 비중이 크다는 것이다. 내재화율이 낮다면 예상 밖의 외부 공급망 충격이나 국제 정세 변화에 취약할 수 있지만 반대로 공급망이 안정적일 때는 원가 절감 측면에서 훨씬 더 효율적일 수 있다. 특정 부품에 대한 아웃소싱을 맡은 기업은 대부분 해당 분야의 전문 기업이므로 원가 절감, 품질 및 성능 측면에서 완성차 제조사보다 뛰어난 경향을 보인다. 비야디도 최근 과도한 수직 계열화로 인한 비효율성이 내부적으로 문제가 되고 있다고 전해진다.

테슬라가 제조 원가를 줄이는 방법에서 또 하나의 중요한 요소는 테슬라 고유의 기가팩토리다. 10억을 뜻하는 기가giga에서 알 수 있듯이 테슬라의 공장은 엄청난 규모의 대형 생산 기지다. 일단 지붕은 전부 태양광 패널로 덮어서 공장에서 필요한 많은 전력을 자체적으로 생산 및 소비한다. 중요한 건 기가팩토리에서 사용하는 기가프레스 공법이다. 예를 들어 지금까지 일반적인 자동차 제조사는 수십 개에 달하는 작은 패널들을 용접해서 차량 프레임을 만들었다. 그러나 테슬라는 2020년 말 모델Y를 생산하면서부터 거대한 메가캐스팅 설비를 사용하여 별도 용접이 필요 없이 단 하나의 부품으로 찍어 내기 시작했다. 용접 공정을 최대한 단순화하고 불량률을 최소화했다. 이런 대형 캐스팅 공정으로 생산 단가를 최대 40퍼센트까지 절감할 수 있었다는 것이 업계 전문가들의 분석이다.

과거에 없던 새로운 방식이었다. 그에 맞는 새로운 설비가 필요했으므로 테슬라는 제조 설비 자체를 스스로 만들어야 했다. 즉, 테슬라의 진정한 경쟁력은 모델3이나 모델Y가 아닌 해당 차량을 만들 수 있는 제조 역량이라고 할 수 있다. 즉, 완제품을 독창적인 방식으로 만드는 생산 기술이 강점인 셈이다. 이런 차원에서 일론 머스크는 기계를 만드는 기계(제조 공장)가 테슬라의 진정한 어려움이라는 것을 깨달았다. 그는 공장 전체가 하나의 제품이라고 생각한다고 밝힌 바 있다. 제조 설비 자체를 아웃소싱하지 않고 스스로 만들었기 때문에 따라 하기 어렵지만 중국 완성차 업체인 지커极氪는 이미 기가프레스 공법을 도입했고 현대차, 도요타도 기가프레스 기술 도입을 검토하고 있다.

끝으로 테슬라의 슈퍼차저 충전 방식이 미국 내에서 빠르게 충전 표준으로 자리 잡아 가는 것도 테슬라의 강점으로 꼽을 수 있다. 충전 표준은 스마트폰의 충전 단자를 생각하면 쉽다. 애플의 아이폰은 그간 라이트닝 포트를 써왔다. 유럽 의회의 규제로 아이폰15부터는 USB-C 규격 단자를 도입하기 시작했지만 그간 충전 단자가 다르니 아이폰과 삼성전자의 갤럭시는 같은 충전기를 사용하지 못했다. 테슬라와 다른 전기차도 마찬가지다. 테슬라는 산업 표준 격인 'DC콤보(CCS·Combined Charging System)' 방식 대신 고유의 방식인 'NACS(북미 충전 표준·North American Charging Standard)'를 채택하고 있다. 현대, 기아차를 비롯한 한국과 폭스바겐, BMW 등의 유럽은 급속 충전 방식으로 DC콤보를 사용하고 있다. 충전 단자가 다른 차들은 같은 충전소를 이용할 수 없었다.

전기차 산업에서 충전은 가장 중요한 핵심 요소 중 하

나다. 표준화된 충전 방식은 전기차 산업 전체 인프라 확대와 효율성 증가에 필수적이다. 문제는 테슬라가 미국 전기차 충전 시장에서 약 60퍼센트 이상의 점유율을 가지고 있다는 점이다. 테슬라는 미국을 비롯한 전 세계에 슈퍼차저 충전소를 4만 5000개 이상 보유하고 있다. 미국 정부 입장에선 테슬라의 폐쇄적인 슈퍼차저 운영은 전기차 산업 확대의 걸림돌이 된다. 이 때문에 '국가 전기차 충전 인프라 확대 프로그램 (NEVI·National Electric Vehicle Infrastructure Program)'에 따른 전기차 충전소 건설 보조금 75억 달러의 지급 조건으로 테슬라의 충전 인프라를 개방을 요구했다. DC콤보 방식을 쓰는 타사 차량도 NACS 방식의 테슬라 슈퍼차저를 이용할 수 있게 하라는 것이다.

2023년 5~6월에 걸쳐 테슬라는 포드, 제너럴모터스 GM, 리비안, 볼보, 폴스타 등의 미국 완성차 업체와 미국 내 1만 2000개 가량의 슈퍼차저를 함께 쓰기로 합의하고 충전 기술 공개와 동시에 충전소를 개방했다. 폭스바겐도 이를 검토 중이라고 밝혔다. 호환성을 위해 '매직독Magic Dock'이라는 호환 기기가 출시됐다. DC콤보를 쓰는 차들도 매직독을 이용하면 슈퍼차저 충전기를 사용할 수 있었다. 다른 업체가 이 같은 방식에 동의한 건 열악한 자신들의 충전 인프라를 극복하고 테슬라의 방대한 충전소 네트워크에 편승하기 위함이다. 직접 인프라를 구축하는 것보다 테슬라의 충전 방식을 따르는 것이 훨씬 저렴하기 때문이다. 그러자 충전소 운영 업체, 충전소 제조 업체 등도 테슬라의 방식을 적용하겠다고 나섰다. 2023년 1분기 기준 테슬라, 포드, GM을 합치면 미국 내 전기차 판매량의 약 75퍼센트에 육박하므로 충전 관련 업체의 뒤따름은 필연적인 행보다. 표준이 아예 바뀌어 버릴 수 있는 것이다.

이처럼 테슬라가 사실상 미국 전기차 충전 표준을 장악해 나가고 있는 상황에서 아직 DC콤보를 이용하는 현대·기아차 등 한국의 자동차 기업들과 BMW, 폭스바겐 등은 테슬라의 방식을 따라가야 하는지에 대한 고민이 깊어지고 있다. 업계에서는 소비자들이 충전 편의성 때문에 테슬라를 선택하며 결국 NACS로 통일될 것이라고는 전망이 우세했다. 시장의 예상대로 2023년 12월 19일 미국 AP통신에 따르면 국제자동차공학회(SAEI)는 북미 지역에서 전기자동차 충전 표준 규격을 테슬라의 충전 단자로 확정했다. 테슬라 충전 방식이 미국 표준이 된 것이다. 따라서 미국 자동차 기업들은 2024년까지 호환 어댑터를 제공할 계획이며, 2025년부터는 공식적으로 NACS 충전 단자로 전환하는 것을 밝혔다. 해당 발표와 동시에 아직 NACS 충전 단자를 채택하지 않았던 폭스바겐도 테슬라 표준을 따르겠다고 발표했으며, 지난 2023년 10

월, 현대차그룹은 이미 2024년 4분기부터 NACS 충전 단자를 적용하겠다고 발표한 바 있다.

테슬라가 미국에서 업계 표준으로 자리 잡았으므로 전기차는 물론 충전 방식에 있어서도 글로벌 시장을 주도할 가능성이 높아진다. 향후 전기차와 충전 시설 관련 생태계 조성을 테슬라의 입맛대로 진행할 수 있게 됨은 물론 자사의 충전 시설을 내세워 경쟁사에서는 불가능한 여러 혜택을 추가할 수 있다. 테슬라 충전 시설의 요금은 지역, 시간대, 테슬라 차량인지 아닌지에 따라서도 다르다. 만약 자사 차량에 슈퍼차저 무료 충전 혹은 반값 충전 등의 인센티브를 제공하면 엄청난 마케팅 효과를 발휘할 수 있다. 게다가 타 전기차의 사용자도 차량 충전을 위해 테슬라 앱 혹은 웹사이트를 이용해 플랫폼에 가입해야 하므로 테슬라는 모든 전기차 사용자의 정보와 충전 데이터를 수집할 수 있다. 충전 고객도 늘리고, 충전 관련 매출도 다각화하고, 데이터를 모으는 것에 더해 테슬라 차량의 마케팅 효과까지 노릴 수 있는 무시무시한 기회인 셈이다. 투자 회사 파이퍼 샌들러는 테슬라가 충전 서비스 개방으로 2032년까지 약 52억 달러의 이익을 낼 것으로 전망했다. 테슬라에 관심 없던 사용자들은 직간접적으로 테슬라 인프라를 활용함으로써 테슬라를 경험하게 돼 사용자 저변 확대에도 긍정적 영향이 있을 것으로 보인다. 물론 이렇게 장밋

빛이기만 할지는 뚜껑을 열어봐야 한다. 타사 차량도 충전소를 이용할 수 있게 되면 오히려 경쟁사의 전기차 판매량이 더 늘어날 수도 있고 기존 테슬라 사용자들은 충전소에 충전 대기 차량이 많아져서 불편을 겪게 될 수도 있다.

왕좌의 열쇠, 자율 주행을 비롯한 소프트웨어 성능

이상으로 비야디와 테슬라의 장단점을 살펴보았다. 섣불리 향후 비야디 혹은 테슬라가 전기차 전쟁에서 왕좌를 차지할 것이라고 예측하기는 쉽지 않다. 각자 가진 장점이 명확하기 때문이다. 다만 전기차의 시대가 이제 막 열렸고 지금까지를 경기의 전반전이라고 봤을 때 전기차 관련 하드웨어와 충전 인프라 등이 중요 경쟁 포인트라고 볼 수 있었다. 즉, 전기차의 배터리 용량, 주행 성능, 최대 주행 거리 및 충전 편의성 등이 내연 기관 차량에서 전기차로 넘어오게 만든 첫걸음이라고 볼 수 있다. 판매량이 증명해 주듯이 전기차 시대의 전반전을 비야디와 테슬라가 뛰어난 하드웨어적 성능으로 선두주자로서 치고 나가고 있는 것은 사실이다.

그러나 전기차 시대의 후반전에서는 이런 하드웨어적 성능은 어느 정도 상향 평준화가 될 수밖에 없다. 비야디와 테슬라, 그리고 현대·기아차까지 살펴봐도 이미 스펙상으로는 누가 누구를 압살할 정도의 압도적인 경쟁력은 갖추고 있지 않다. 따라서 지금까지는 브랜드 이미지, 디자인, 가성비 및 개인 취향 등을 고려해서 전기차를 선택하는 경향이 컸다.

전기차에서 스마트카로 넘어가는 길목의 핵심은 자율 주행을 비롯한 소프트웨어적 성능이다. 이런 차원에서 테슬라 혹은 그 어떤 기업이라도 자율 주행의 성능을 자타공인 상용화 수준으로 올린다면 바로 그 기업이 스마트카 시장의 주도권을 쥘 수밖에 없다. 운전자가 전혀 개입하지 않는 수준의 자율 주행 차량이라면 차량의 개념이 아예 뒤집히게 되기 때문이다.

자율 주행이 완벽하게 적용된 차량의 내부 공간은 무한한 변신이 가능하다. 운전석이 필요 없어지므로 기존 차량의 디자인은 송두리째 변경될 수밖에 없고 이에 따라 차량은 하나의 움직이는 방처럼 기능할 것이다. 또한 더 이상 직접 운전할 필요가 없어지므로 필요할 때만 차량을 호출해서 사용하게 될 수도 있다. 즉 차량은 소유의 대상이라는 개념보다는 오히려 사용이나 렌탈의 개념으로 진화할 것이다.

따라서 이런 차량이 등장한다면 브랜드 이미지, 디자인, 가성비 혹은 개인적 취향을 뛰어넘어 선택하지 않을 수 없게 된다. 2G 통신시대에 글로벌 1위의 노키아가 스마트폰이 보급되면서 한순간에 시대의 뒤안길로 사라진 것과 마찬가지로 자율 주행이 적용된 스마트카가 등장한다면 결과는 불 보듯 뻔하다. 따라서 지금의 판매량 1~2위 기업은 아무런 의미가 없다.

그러나 이는 자율 주행 차량이 완전히 개발됐다는 전제이므로 그때까지 시간이 얼마나 걸릴지, 어느 기업이 자율 주행 차량을 완성할지에 대해서는 미지수다. 다만 지금까지 완성차 기업 중에서는 테슬라 자율 주행의 완성도가 가장 높은 편이므로 테슬라의 전망이 밝아 보이는 것은 사실이다. 비야디는 지금까지는 완벽한 자율 주행 기술에 대해서 어느 정도 부정적인 입장을 견지하고 있는 것이 사실이지만 비야디의 협업 파트너인 중국 바이두에서 테슬라보다 먼저 자율 주행을 상용화해서 비야디 차량에 탑재할지는 아무도 모르는 일이다.

5

중국이 노리는 역전 기회,
신에너지 차량

신에너지 차량 육성에 올인하는 중국의 속내

중국이 국가적 명운을 걸고 신에너지 차량을 적극적으로 육성하려는 배경은 명확하다. 크게 네 가지로 나눠서 살펴본다.

첫 번째로 중국은 서방 국가들이 18~19세기 걸쳐 최초로 개발하고 100년 이상 지속적인 R&D를 통해 만들어 낸 내연 기관(엔진) 기술을 단기간에 쫓아갈 수 없었기 때문이다. 즉, 신에너지 차량 기술을 발전시켜 자동차 관련 미래 산업 선점을 꾀하고 있다.

1970년대 말 중국의 개혁 개방이 시작된 후 수많은 글로벌 완성차 기업은 중국에 진출하는 조건으로 중국 현지 기업과의 합작 투자 방식을 강요받았다. 이 과정에서 중국은 자신들의 시장을 내주는 대신 글로벌 기업의 선진 기술을 흡수하기를 희망했다. 중국 내 신설된 합작 공장에서 자동차 생산이 필요하므로 일정 수준까지는 해외의 기술력을 확보했고 이를 바탕으로 추가 R&D는 가능했으나 각 글로벌 기업들도 비장의 선진 기술은 당연히 중국으로 이전하지 않고 자국 R&D 센터에서 극비로 관리했다.

지난 수십 년간의 글로벌 기업과의 합작 투자와 생산 경험에 힘입어 자동차 제조의 부가적 분야에 있어서는 중국도 이제 서방 국가에도 크게 뒤진다고 할 수 없었으나 내연 차량의 핵심인 엔진, 변속기, 플랫폼 등의 핵심 부분에서 격차가 좁혀지지 않았다. 이런 상황이 장기간 지속되자 중국은 유럽, 미국, 일본 완성차 기업들의 최신 기술을 10년이 더 지나도 따라잡기 어려울 수 있다는 고민이 깊어졌다.

중국 내에서는 오히려 자동차 시장에서 게임의 룰을 아예 바꿔 버려야 한다는 논의가 활발하게 이뤄졌다. 더 이상 내연 기관 엔진에 대한 집착을 버리고 아예 전기차와 같은 신에너지 차량으로 전환해서 배터리와 전기 모터에 자금을 투자해서 발전시키는 쪽으로 방향을 틀어 버린 것이다.

2012년경 중국 정부는 본격적으로 공급 측면에서는 전기차를 비롯한 신에너지 차량 분야 기업에 대한 세금 감면 및 생산 보조금을 뿌리기 시작했다. 수요 측면에서도 마찬가지로 소비자를 위한 세금 혜택 및 보조금을 지급했다. 동시에 내연 차량 신규 번호판 발급은 기존처럼 엄격한 수량 제한을 두고 신에너지 차량 신규 번호판을 넉넉하게 풀어 신에너지 차량 구입을 유도했다.

두 번째는 미국 달러가 기축 통화로서 자리 잡은 중요한 기반인 페트로 달러 체제 및 중국 내 석유 관련 에너지 안보 측면과도 연관이 있다. 페트로 달러 체제는 1971년 미국의 금본위 고정 환율제 붕괴 이후 1974년 미국의 국무장관 헨리 키신저가 이스라엘과 중동 국가 간의 전쟁으로 발발한 석유 파동을 해결하기 위해 사우디아라비아와 맺은 군사 경제 협약에서 시작됐다. 미국이 사우디 왕가의 안전을 보장하는 대가로 석유 결제를 오로지 미국 달러로만 하도록 합의한 것이다. 이 합의를 통해 미국은 무너진 달러의 위상을 다시 기축 통화의 지위로 회복시켰다.

석유는 전 세계 모든 산업의 혈액에 해당한다. 혈액이 제대로 돌지 않으면 생존이 불가하다. 차량용은 물론이고 플라스틱 기반의 각종 식기, LED필름, 인쇄 회로 기판과 섬유 기반의 각종 의류, 신발과 화장품, 의약품, 향료의 원료가 모두 석유로부터 추출된다. 또한 석유는 전력 생산에도 큰 비중을 차지한다.

이러한 산업 필수품인 석유를 구입할 때 오직 달러 결제밖에 안 된다면 반드시 전 세계 모든 국가는 달러를 구매하고 비축할 수밖에 없다. 그렇다면 무엇으로 달러를 확보해야 하는가? 자국에서 생산되는 상품과 서비스를 미국에 제공해야만 달러를 얻을 수 있다. 이에 반해 미국은 연방 은행에서 달러를 찍어 내기만 하면 석유를 구입할 수 있을 뿐 아니라 다른 국가의 모든 상품을 수입할 수 있다. 미국 달러로만 석유를 구입할 수 있다는 것은 전 세계 모든 국가가 미국에 일정 부분 종속될 수밖에 없다는 것을 의미한다. 이것이 기축 통화 보유국의 엄청난 이권이다.

중국으로서는 이러한 미국의 기축 통화의 지위를 당장

이라도 뺏어오고 싶지만 쉽지 않다. 그렇다고 그 작업을 중국이 포기한 것은 아니다. 지난 2022년 12월 중국 시진핑 주석은 사우디아라비아의 무함마드 빈 살만 알사우드 왕세자와 만나면서 사우디산 석유 수입 증대와 거대한 스마트 도시인 네옴시티 건설에 투자하기로 합의했다. 그리고 사우디는 일부 석유 결제는 달러가 아닌 위안화로 하는 것으로 화답했다. 페트로 달러 체제에 중국이 사우디와 연합하여 공식적으로 살며시 반기를 든 것이다. 물론 사우디도 이란과 이스라엘이라는 안보 위험을 지니고 있어 미국을 극단적으로 배제할 순 없다. 중국에 대한 화답을 일부 석유 결제에만 국한한 이유다.

이러한 눈에 띄는 행동과 함께 중국이 한층 더 근원적으로 취하고 있는 조치가 바로 달러가 기축 통화로 기능하는 이유인 석유 의존도를 박살 내겠다는 신에너지 차량 육성 및 보급 정책이다.

상기한 바와 같이 산업 전반에 모두 석유가 사용되고 있지만 도로 수송, 선박, 철도, 항공을 비롯한 각종 운송 수단에 투입되는 석유의 비중은 전체의 약 60퍼센트에 육박할 정도로 큰 부분을 차지하고 있다. 전 세계가 아닌 중국만 보았을 때는 석유 총 수입량의 약 70퍼센트를 도로 수송에 사용하고 있다. 따라서 중국이 향후 10년간 지속해서 신에너지 차량 비중을 점차 늘려 내연 기관을 거의 쓰지 않는다면 중국은 석유

의존도를 크게 줄이는 동시에 미국 달러 의존도를 낮출 수 있다. 또한 중국이 내수 시장뿐 아니라 신에너지 차량을 수출하여 전 세계 내연 기관 차량 비중 자체가 줄어든다면 전체 석유 사용량이 줄어들고 미국의 기축 통화 지위는 흔들릴 수밖에 없다.

중국 입장에서 신에너지 차량 보급을 통해 자국 및 전 세계의 석유 의존도 하락은 최고의 시나리오다. 이 점이 중국 신에너지 차량 정책의 또 하나의 숨겨진 큰 그림이다. 2022년 중국의 원유 수입은 5억 100만 톤 수준에 그쳐 대외 의존도는 전년도 72퍼센트보다 낮은 70.9퍼센트 수준으로 추산된다. 이는 중국 내 석유 생산이 증가로 인한 것도 있겠지만 신에너지 차량의 보급률 증가도 영향을 끼친 것으로 보인다.

세 번째는 환경 보호 및 탄소 저감 정책의 필요성이다. 중국은 황사와 미세 먼지를 비롯한 여러 가지 환경 오염 문제가 심각한 나라다.

2010년대 초중반에 베이징을 비롯한 많은 중국 도시에서는 가시거리 500미터밖에 되지 않는 최악의 공기를 보여주는 날이 허다했다. 당시 베이징의 PM 2.5 수치가 입방미터당 1000마이크로그램을 넘어 기준치의 10배를 초과했는데 한국의 환경부에 해당하는 중국 생태환경부는 최대 오염원이 바로 자동차 배기가스라고 설명했다.

이런 최악의 공기를 개선하는 데 가장 효과적인 방법 중 하나가 내연 기관 차량을 신에너지 차량으로 바꾸는 것이다. 이를 통해 중국의 공기는 2020년대에 들어서 2010년대와는 달리 상당히 개선됐다. 2020년대에 신에너지 차량 판매량 및 보유 비율이 가장 높은 지역 중 한 곳인 선전은 '선전 블루'라고 하는 자신들의 청명한 하늘을 자랑하는 상황까지 왔다. 1장에서 밝힌 대로 2022년 선전의 평균 PM 2.5 수치는 입방미터당 16마이크로그램을 기록했다.

네 번째는 중국의 전력 부족 해결을 위한 에너지 저장 장치에 대한 필요성이다. 중국은 넓은 영토를 가진 국가로서 다양한 지역에서 여러 방식으로 전력을 생산하고 있다. 중국은 초고압 송전기를 전국적으로 설치해 전력 생산과 송전까지 큰 문제가 없으나 전력 특성에 따라 저장에 어려움을 겪고 있다.

지난 몇 년간 중국은 극심한 전력난에 시달린 바 있다. 특히 중국 전력은 화력 발전 즉, 석탄에 대한 의존도가 70퍼센트에 육박할 정도로 높은데 2021년 석탄 가격의 폭등이 전력난을 야기했다. 엄격해지는 탄소 감축 등 환경 규제도 전력 공급 감소 원인이다. 중국 내 환경 규제는 계속 강해지는데 수력, 풍력, 태양광 등의 신재생 에너지는 계절 및 시간의 영향을 많이 받으므로 도시의 전력 사용 피크 시간대와 매칭이 쉽지 않은 것도 전력난을 부추긴다.

만약 중국 내의 각 가정에서 전력 수요가 낮은 시간에 신재생 에너지로 생산된 전력을 저장해 놓을 수 있는 설비를 갖춰 놓는다면 이는 추후 전력 사용의 효과적인 분배에 기여할 수 있다. 아직까진 많은 가정에서 그런 설비를 별도로 갖춰 놓는 게 불가능하지만 중국이 보급하려고 하는 신에너지 차량의 배터리와 관련 기술이 그 역할을 보조할 수 있다는 것이 중국 정부의 큰 그림이다. 실제로 중국 업체들이 강세를 보이는 LFP 배터리는 신에너지 차량 외 신재생 에너지 발전소의 ESS(Energy Storage System) 분야에서 급속한 성장이 예상된다. 미국 블룸버그 통신에 따르면 이미 ESS 분야에서 LFP는 2021년 NCM 비중을 넘었고, 2030년에는 대부분 LFP로 대체된다는 전망도 나온다.

전기차 배터리는 현재의 기술로는 전기차를 구동시키는 데에 급급하나 추후 기술 발전이 이뤄질 때 전기차의 배터리 용량과 작동 방식 및 운영 방식 자체에 변화가 생길 가능성이 크다. 예를 들면 새벽 동안 완충된 배터리는 신에너지 차량의 동력으로 사용할 수 있고 차에서 탈착하여 전력 피크 타임에 가정 내의 다른 가전의 동력원으로도 사용하게 될 수도 있다. 이는 테슬라의 큰 그림이기도 하다. 결국 이 배터리의 전력을 얼마나 빨리 충전하고 유휴 전력을 활용할 수 있는지가 관건인 것이다. 내연 기관에 비해 전기차는 충전에 시간이 많이 소요된다. 이를 해결하고자 배터리를 교환하고 탈착할 수 있게끔 하자는 개념은 이미 2010년 초반부터 논의됐고 여러 시도가 있었으나 지금까지 상용화되지 못했다. 전기차가 주유소에 기름을 넣듯 손쉽게 배터리를 교체하려면 배터리의 크기와 규격 등이 동일해야 한다. 중국은 이런 산업 규격화를 강제로 통일시키는 데 유리하다.

전기차를 구동시킬 정도의 용량의 배터리라면 가정용으로 사용하는 것도 가능할 것이다. 실제로 중국 정부는 배터리 표준을 제정 중이며 전해지며 배터리 리스 사업도 논의되고 있다. 중국 전기차 신흥 기업 중 니오 등에서는 이미 배터리 교환 시스템 운영을 시작했다. 배터리 교체에 소요되는 시간은 3분 내외로 우리가 지금 주유소를 이용하는 시간과 크게 다르지 않다. 배터리 자체가 500킬로그램 내외로 무겁고 위험할 수 있어 볼트 체결이 매우 긴밀하게 이뤄져야 하므로 이런 장비 교체는 자동화된 시스템으로만 가능하다. 그 때문에 초기 투자 비용이 많이 들어간다는 단점도 존재한다.

니오가 설치한 배터리 교환소는 중국 내 1000곳 이상이다. 2022년 기준 여기서 1000만 건 이상의 배터리 교환 실적이 발생했다. 또한 새 차를 구매할 때 배터리를 제외해 15퍼센트 정도의 구매 비용 부담을 덜어 주고 있다. 배터리를 제

전기차 기업 니오의 배터리 교체 스테이션. 사진: 니오

외한 차는 배터리를 월간 일정 비용을 내고 구독하는 BaaS(Bettery‑as‑a Service)로 운영하는 방식이다. CATL 역시 자사 배터리 표준화를 통해 교환소를 운영하고 있다. 아직은 이런 시스템을 기업별로 운영 중이지만 언젠가는 중국 정부의 지침 혹은 완성차·배터리 선도 기업 주도로 통합될 것으로 예상된다.

중국 신에너지 차량 정책, 내연 기관차의 저승사자

중국의 구체적 정책을 보기 전에 먼저 한국의 상황을 보고 양자를 비교해 보고자 한다. 일단 용어부터 정리하자. 한국은 중국 내 통용되는 신에너지 차량이라는 단어보다는 친환경 차량이라는 단어를 주로 사용한다. 중국의 용어가 가솔린이나 디젤이 아닌 새로운 에너지를 연료로 한 자동차를 지칭한다면, 한국은 기존 차량보다 친환경적이면 친환경 차량이라 부르는 걸까? 인정 범위가 더 넓을 것이라 예상할 수도 있지만 반대로 한국은 친환경 차량을 인증하는 파란색 번호판 부여 기준이 중국보다 엄격하다. 우선 순수 전기차와 수소 연료 전지차만 주로 여기에 해당한다.

한국에서는 배터리 별도 충전이 불가능한 일반 하이브리드와 배터리 외부 충전이 가능하고 전기 모터만으로도 일정 부분 주행이 가능한 플러그인 하이브리드 모두 친환경 차량 번호판을 받을 수 없다. 다만 하이브리드 차량도 일정 부분 친환경 차량임을 인정받아서 일부 세금 혜택 등은 받을 수 있다.

또한 한국은 2023년 기준 친환경 차량의 개별소비세 감면이 2024년 12월 31일까지 지속된다. 차종별로 개별소비세는 각각 최대 하이브리드 100만 원, 전기차 300만 원, 수소차는 400만 원까지 감면되고, 취득세는 하이브리드 40만 원, 전기차 140만 원, 수소차 140만 원까지 감면된다. 수소차는 지방교육세 120만 원이 추가로 감면된다. 차량 구매 보조금의 경우는 하이브리드는 종류 불문하고 지급되지 않으며 전기차는 중대형 최대 680만 원, 소형 최대 580만 원 범위 내에서 차등 지원한다. 수소 승용차의 경우 2250만 원을 지원하며 지자체 보조금이 더 있을 수 있다. 예를 들어 서울의 경우 최대 3250만 원을 지원한다.

중국의 신에너지 차량 범주도 한국과 비슷하지만 결정적으로 하이브리드 차량을 대하는 태도가 다르다. 중국은 신에너지 차량에 플러그인 하이브리드를 포함하여 보조금 혜택과 세제 감면 혜택을 모두 부여했으며 신에너지 차량의 녹색 번호판까지 지급한다. 단, 중국도 일반 하이브리드 차량에게는 녹색 번호판을 주지 않고 있다.

중국은 2010년부터 13년간 조금씩 변경되던 신에너지 차량 구매 시 지급하던 국가 보조금을 2022년 12월 31일을 마지막으로 종결했다. 중국 정부는 2022년 기준 하이브리드 4800위안(88만 원, 2021년 6800위안), 전기차 1만 2600위안(232만 원, 2021년 1만 8000위안)을 보조금으로 지급한 바 있다. 비록 보조금 지급은 중단됐으나 차량 구매세(차량 금액의 약 10퍼센트) 면제는 2023년에도 유지된다.

신에너지 차량 범주에 플러그인 하이브리드 차량을 포함하는지 여부는 일견 사소해 보일 수 있으나 그렇지 않다. 결론부터 이야기하면 이 결정으로 인해서 중국 플러그인 하이브리드 차량 시장이 크게 성장했기 때문이다. 원인을 살펴보자.

2017년 9월 공업부, 정보화부, 재정부, 상무부, 해관총서 등 중국 정부 부처 합동으로 '승용차 기업 평균 연료 소비량과 신에너지 차량 마일리지 병행관리 방법'이라는 산업 정책을 발표한다. 추후 쌍마일리지정책双积分政策이라고 불리운 중국 내 모든 자동차 기업에게 막대한 영향을 끼친 중요한 정책이다.

정책의 내용은 복잡하고 계산법이 매년 바뀌어 왔지만, 중국 내 특정 자동차 기업이 내연 차량을 팔수록 마이너스 마일리지가 쌓이게 되고, 신에너지 차량을 팔수록 플러스 마일리지가 쌓이는 것이라 요약할 수 있다. 각 기업은 연말에 플러스와 마이너스 마일리지를 정산해야 한다. 만약 마이너스 점수가 더 크다면 저연비 자동차의 생산을 잠정 중단하고 당국에 관련 내용을 신고해야 한다. 점수가 모자른 기업들은 생산 중단을 막기 위해서 울며 겨자 먹기로 플러스 마일리지를 타 기업으로부터 살 수밖에 없다. 1점이 무려 2000~3000위안(36~55만 원) 사이에 거래됐다. 많은 자동차 기업들이 부족한 마일리지를 채우기 위해서 큰 금액을 지출했다. 2021년 기준 평균 연료 소비량 분야 마일리지에서 상치통용上汽通用은 마이너스 71만 점, 이치다중一汽大众은 마이너스 56만 점, 치루이奇瑞 및 동펑东风은 각각 마이너스 46만 점, 44만 점을 기록했다. 1점에 2000위안으로만 계산해도 꼴찌인 상치통용은 약 14억 위안, 한화 2583억 원을 토해낸 것이다.

게다가 매년 점수 측정이 달라지고 있다. 2021년에 내연차 량 100만 대를 팔면 마이너스 14만 점이 쌓였다면 2022년에는 16만 점, 2023년 18만 점으로 상승한다. 이처럼 내연 차량 판매 페널티는 커지는 반면 신에너지 차량 한 대를 팔아서 쌓을 수 있는 플러스 마일리지는 줄고 있다. 신에너지 차량 기업에는 큰 타격이 아니지만 추후 마이너스를 메꿔야 하는 내연 차량 위주의 기업은 1점당 가치가 더 높아지는 셈이다. 지금보다 더 큰 비용이 지출될 수도 있다. 물론 이를 악용해서 특정 기업이 마일리지 장사를 과도하게 못하도록 별도의 규정을 두고는 있다.

이 정책이 계속된다면 가까운 미래에 내연 차량 생산 및 판매는 오히려 손해가 나는 상황이 올 것이다. 그때가 되면 중국 내 내연 차량은 더 이상 판매되지 않을 수도 있다. 이 정책으로 사지에 몰린 기존 내연 차량 제조사들은 속속들이 신에너지 차량 제조로 방향을 전환 중이다.

주목할 것은 중국 정부가 신에너지 차량 제조 및 판매 시 얻을 수 있는 점수를 2021년 기준으로 전기차는 50퍼센트로 줄였지만 플러그인 하이브리드는 단 20퍼센트만 줄였다는 점이다. 예를 들어 2020년에 전기차 한 대를 팔 때 5점을 얻었다면 2021년에는 그것이 2.5점으로 줄었지만 플러그인 하이브리드는 여전히 4점을 준다는 뜻이다. 플러그인 하이브리드에 더 큰 혜택을 부여하는 중국 정부의 방향성을 보여 준 셈이다.

사실 상기 정책은 기업들을 옥죄는 수단으로는 더할 나위가 없다. 다만 이렇게 기업만 쥐어짜서는 전환을 완성할 수 없다. 기업이 움직이는 만큼 반드시 소비자도 움직여야 한다. 플러그인 하이브리드도 신에너지 차량 범주에 포함해 녹색 번호판 지급을 한 것이 바로 그 유인책이다.

한국도 친환경 차량 번호판 혜택으로 구입 당시 보조금 지급 및 세제 감면 외에도 실사용 중 주차료, 통행료 등의 감면 등을 제공한다. 하지만 중국 녹색 신에너지 차량 번호판에는 한국에서는 생각지도 못할 혜택이 있으니 바로 차량 번호판 구매 관련 기회비용이 거의 없거나 크게 낮아진다는 것이다. 한국에서는 차량 번호판 발급이 중국만큼 까다롭지 않아서 체감하지 못한다. 그러나 중국의 경우 베이징, 상하이, 광저우, 그리고 여기 선전도 마찬가지로 차량 수요자는 많지만 신규 번호판 발급 수량은 제한적이다. 만약 추첨에서 떨어지면 경매에서 많게는 10만 위안(1845만 원) 이상을 주고 파란색의 일반 차량 번호판을 따로 구매해야 한다. 이런 상황에서 신규 발급 번호판 내 녹색 번호판 비율을 점차 늘려 가자 사람들은 상대적으로 발급이 쉬운 신에너지 차량으로 눈을 돌릴 수밖에 없었다.

2023년 기준 선전의 녹색 신에너지 차량 번호판의 발급 조건은 여전히 까다롭지 않다. 선전시 호구(본적)를 가지고 있는 사람은 물론이고 거주 기간 및 보험 납부 조건만 충족하면 외국인도 녹색 번호판을 발급받을 수 있다. 여기에 녹색 번호판의 추가적 혜택으로 베이징을 제외하고 나머지 1선 도시에서는 녹색 번호판이면 외지 차량이어도 혼잡 시간 등에 시내 주행에 아무런 제약이 없다. 파란색의 일반 번호판은 타지에서는 혼잡 시간대 시내 주행에 제약이 있는 편이다. 마지막으로 사용자 이용 편의를 위해 충전소 확대와 국가 보조금까지 지원해서 더욱 플러그인 차량에 힘을 실어 준 것은 굳이 더 강조할 필요는 없을 듯 하다.

정책은 어떻게 괴물을 키웠나

비야디가 중국 신에너지 차량 업계에서 자리를 잡을 수 있었던 것에는 물론 비야디의 공이 크겠지만 외부의 객관적인 시각으로 봤을 때 상술했듯 중국 정부의 지원을 빼놓을 수가 없다.

중국 공업정보화부는 2012년 '에너지 절감 및 신에너지차 산업 발전 계획(2012~2020년)'을 발표하고 2012~2020

년 동안 순수 전기차와 플러그인 하이브리드의 차량 구입세를 면제하는 등의 적극적인 인센티브를 지원했다.

이런 국가 정책에 따라 비야디는 당연히 중국 신에너지 차량 분야의 선두 주자로서 중점 지원 대상으로 선정돼 정부 구매, 보조금 지원, 융자 등의 여러 혜택을 받았다. 이에 2011년 출시한 비야디의 순수 전기차인 E6 등의 구매가 늘어난 것은 당연지사였고, 2012년 9월에 동 모델은 중앙 정부 공무용 전기차 시범 운영 모델로 선정돼 정부 차량 구매의 50퍼센트 이상을 납품한 바 있다.

해당 계획이 발표되기 이전에도 비야디는 항상 정부와의 돈독한 관계를 추구했다. 비야디는 산시성 정부와 공급 계약을 맺고 시안에 F3 모델을 택시로 공급한 바 있다. 당연히 이는 2003년 시안친환자동차를 인수하면서 시안에 공장을 운영하면서 시안시 정부와 좋은 관계를 설정했기에 가능한 일이었다. 정부 통계에 따르면 2012~2018년 상반기까지 중국 정부의 비야디에 대한 직접적 자금 지원은 총 54억 9000만 위안(1조 131억 원)에 달했다. 이는 연구·개발비 지원, 대출이자 보전, 세금 환급, 인센티브 등을 포함한 금액이다.

2018년 비야디가 전 세계 24만 7000대의 전기차를 판매하며 4년 연속 글로벌 1위의 자리를 차지했을 당시에도, 판매 물량 중 선전에 공급한 차량이 상당히 많았다. 2019년까지 선전의 택시는 모두 전기차로 대체됐다. 2022년 12월 기준, 선전시 정부 발표에 따르면 선전에는 1만 9602대의 택시가 운행되고 있는데 모두 비야디의 해치백 모델 E6다. 2022년 12월 기준 선전의 공공버스 역시 900여 개의 시내 노선이 1만 5896대의 전기 버스로 운영되고 있다. 2022년 6월 기준 택시 외에 중국판 우버인 디디추싱 등 모바일 차량 호출에 이용되는 8만 6389대의 영업용 차량 역시 모두 신에너지 차량으로 이뤄졌다.

그러나 이를 나쁜 시선으로만 바라볼 수는 없다. 선전의 택시비는 중국 내 최고의 물가를 자랑하는 선전과는 어울리지 않게 저렴한 편이다. 기본료 10위안(1845원)으로 시작한다. 선전 사람들도 결국 비야디가 받은 보조금을 우회적으로는 누리는 셈이다. 선전을 뒤덮고 있는 전기 택시와 전기 버스, 이 모두 정부의 든든한 지원이 없었다면 불가능했을 것이다.

선전에서는 택시, 버스와 기타 영업용 차량을 전기차로 전환하도록 유도했을 뿐 아니라 일반 차량도 신에너지 차량으로 유도하는 정책을 시행했다. 2014년 12월부터 시행한 선전의 자동차 등록 제한 정책에 따르면 2만 대의 전기차를 포함해서, 향후 5년간 매년 10만 대의 자동차만 선전에 등록할 수 있도록 수량을 제한했다. 연 4만 대는 경매로, 4만 대는 추첨으로, 나머지 2만 대를 신에너지 차량에 배정했다.

2014년 자동차 총 등록 수량이 55만 대였기에 2015년에 10만 대에 불과한 번호판 취득 경쟁이 엄청나게 치열할 것으로 예상됐다. 당연하게도 2015년 첫 정책 시행 결과 추첨은 31대 1의 높은 경쟁률을 기록했고, 경매 평균가는 개인은 2만 2000위안(405만 원), 회사는 3만 3000위안(608만 원)을 기록했다. 핵심은 전체 번호판 중 약 20퍼센트를 신에너지 차량에게 배정하겠다는 방침이다. 한마디로 소비자들에게 가급적 신에너지 차량을 사라는 뜻이었다.

2015년부터 5년간 시행된 이 제도가 바로 선전에서 신에너지 차량을 흔하게 볼 수 있는 이유가 됐다. 이런 적극적인 시장 보호와 정부의 자국 기업 제품 구매 정책이 비야디가 무럭무럭 성장할 수 있는 튼튼한 기반이 됐다는 사실은 누구도 부인할 수 없다.

2022년 12월 31일을 끝으로 전기차 보조금 시대가 저물었다는 건 무슨 의미일까? 해당 산업 생태계에서 자국 기업들이 충분히 자생력을 갖췄다고 판단했다고 보는 것이다. 이제 보조금 절벽의 시대에서는 오직 제품 경쟁력으로 승부를 봐야 하는 상황이다. 앞으로는 여러 전기차 업체들이 퇴출당할 것이며 경쟁력이 있는 기업들 위주로 업계가 재편될 것이라 추측할 수 있다.

전기차 시대,
한국의 위기와 기회

한국의 전기차 산업 경쟁력의 현주소

유엔의 세관 통계 데이터베이스인 유엔 컴트레이드의 국가별 수출입 통계에 따르면 2022년 한국 전기차 수출액은 81억 7575만 달러로 집계됐다. 같은 기간 264억 5524만 달러를 수출한 독일과 200억 8888만 달러를 수출한 중국에 이은 세계 3위다. 독일은 한 세기 이상 자동차 산업을 선도하고 있는 전통 강국이다. 중국은 내수를 바탕으로 급성장한 비야디와 각종 전기차 기업이 즐비한 신흥 강국이다. 한국이 이들 어깨를 나란히 할 정도로 성장한 것은 사실이다. 그리고 2023년 한국의 전기차 수출액은 143억 달러로 집계돼 전년 대비 약 74퍼센트 증가했다.

그러나 한국의 이 외형적 성장은 거의 현대자동차그룹 혼자서 이뤄 낸 성과에 가깝다. 현대·기아차 이외 기업의 존재감은 거의 보이지 않는다. KG모빌리티(구 쌍용차)도 2022년에 전기차를 수출했지만 고작 301대에 불과했다. 한국지엠과 르노코리아는 국내에서 전기차를 제조하지 않는다. 이는 중국에서 전통적 내연 기관 자동차 회사와 비야디, 테슬라뿐 아니라 3대 신흥 전기차 세력이라고 일컬어지는 웨이샤오리 외에 수십 개의 스타트업이 전기차 시장에서 각축을 벌이고 있다는 사실과 크게 대조된다. 경쟁력이라는 것은 말 그대로 경쟁에서 생긴다. 국내에서 현대·기아차의 경쟁자가 딱히 없다는 사실은 뼈아픈 지점이다.

게다가 미래 전기차 경쟁력을 향상할 수 있는 설비 투자도 많이 떨어진 상황이다. KDB산업은행의 설비 투자 계획 조사에 따르면 자동차 산업 전체 설비 투자액은 2023년 5조 7151억 원으로 전망된다. 2015년 10조 853억 원의 절반에 불과하다. 한국 자동차 부품 기업도 아직 배터리, 인버터 등 전기차 핵심 부품을 만들 역량이 부족하며 설사 역량을 갖춘 기업들도 신차 중에 전기차 비중이 10퍼센트 정도로 높지 않아 손익 분기점을 넘기기가 어려운 상황이다.

이렇듯 실제로 한국 전기차 산업 경쟁력은 외형적으로는 일단 어느 정도 궤도에 올랐지만 내부를 잘 살펴보면 현대차그룹 외에는 뚜렷한 플레이어가 보이지 않는다는 특징이 있다. 내수 시장이 작고 인건비가 비싸서 테슬라 같은 핵심 전기차 기업을 투자 유치하기도 쉽지 않다. 그렇다고 중국의 웨이샤오리(니오, 샤오펑, 리샹 신흥 3대 전기차 기업)나 미국에서 제2의 테슬라를 꿈꾸는 루시드, 리비안, 피스커 등도 한국에서 아직 등장하지 않고 있다. 한국에서는 전체적으로 전기차 관련된 새로운 플레이어가 진입하기 쉽지 않은 상황인 것은 확실하다. 때문에 국내 투자를 늘릴 수 있는 인센티브로 전기차 시설 투자 세액 공제액을 기존 1퍼센트에서 크게 높여야 한다는 주장이 나왔다. 다행스럽게도 기획재정부에 따르면

2023년부터 전기차 생산 시설, 전기차 충전 기술 및 시설은 국가 전략 기술에 포함되어 중소기업은 최대 35퍼센트, 중견 기업과 대기업은 최대 25퍼센트까지 투자 세액 공제를 받을 수 있게 됐다.

비록 한국의 전기차 선수층이 얇고 전기차 산업 생태계가 아직은 성숙한 편은 아니나 전망이 어두운 것만은 아니다. 먼저 현대·기아차의 전기차 아이오닉5·6, 기아 EV6 등 여러 신차의 잇따른 성공으로 해외 수출뿐 아니라 국내에서도 국산 전기차에 대한 인식이 좋아지며 판매량이 늘고 있다. 2022년 현대차그룹의 전 세계 전기차 판매량은 37만 1802대를 기록했다. 그리고 2024년 현대차그룹 발표에 따르면 2023년 현대(제네시스 포함)와 기아는 51만 6441대 전기차를 판매해 전년 대비 38.9퍼센트 증가를 기록했다. 2022년 500만 대 이상 전기차가 판매된 중국과 직접 비교할 바는 아니지만 의미 있는 성장을 거듭하고 있다는 점은 부정할 수 없다.

이처럼 늘어나는 판매량과 함께 규모의 경제 효과와 배터리 가격 하락으로 전기차 가격이 저렴해지고 있으므로 소비자의 진입 장벽도 낮아지고 있다. 기존 삼원계에서 LFP 배터리를 채택하는 기업이 많아지고 있기 때문이다. 배터리 가격을 인하했음에도 기술 발전에 따른 성능 개선으로 최대 주행 거리는 오히려 늘어나고 있다. 전기차 충전 시설이 점차 잘

구비되고 있다는 점도 한국 전기차 산업의 선순환 효과를 만들어 내고 있다. 이에 따라 2022년까지만 해도 전기차 분야에서 존재감을 썩 드러내지 못하던 KG모빌리티에서도 SUV 전기차를 보조금 적용 시 3000만 원대에 내놓으며 가성비를 찾는 고객을 유인하고 있다. 단, 국내 완성차에서 전기차의 가성비를 끌어올리기 위해 장착한 LFP 배터리의 많은 부분이 중국산이라는 점은 여전히 우려된다.

IRA 시대, 미중 갈등 속 한국의 대응 방향

무엇보다 한국이 주목하고 있는 건 미국의 인플레이션 감축법(IRA)이다. IRA는 기후 변화 대응, 의료비 지원, 법인세 인상 등을 골자로 한 미국의 법으로, 급등한 인플레이션 완화를 위해 2022년 8월 16일 발효됐다. 표면상으로는 상기 이유지만 미국이 전기차 가치 사슬에서 중국을 배제하려는 의도가 있다는 분석이 지배적이다. 미국에서 전기차 구매 시 보조금(세액 공제 혜택)을 받기 위해서는 전기차 제조에서 중국 등 우려 국가의 배터리 부품과 광물을 일정률 이하로 사용하도록 규정하고 있기 때문이다.

　　미국 IRA의 세부 규정에 따르면 2023년 기준 북미 지역에서 제조·조립한 배터리 부품을 50퍼센트 사용 시 3750달러, 북미 또는 미국과 자유 무역 협정(FTA)을 맺은 국가에서

채굴 및 가공한 핵심 광물의 40퍼센트 이상을 사용 시 3750 달러의 보조금 혜택을 받을 수 있다. 따라서 이 기준에 부합하는 기업은 최대 7500달러의 전기차 보조금을 받을 수 있다. 엄청난 가격 경쟁력을 갖출 수 있는 것이다.

　IRA의 이 같은 규정으로 인해 현대·기아 전기차는 세제 혜택에서 제외됐다. 미국 전기차와의 가격 경쟁에서 밀릴 수밖에 없는 상황에 직면한 것이다. 현대·기아차는 미국 시장에서 2023년 상반기에 각각 208만 1462대, 157만 5920대를 판매하며 전년 동기대비 10.1퍼센트, 11.0퍼센트의 괜찮은 성장률을 기록했다. 그럼에도 상대적으로 전기차 분야에 있어서는 부진한 성적을 받았다. 2023년 상반기 전기차 분야에서 1위인 테슬라가 33만 6892대로 전년 동기 대비 30퍼센트 이상 성장했고, 3위인 GM은 3만 6322대로 전년 동기 대비 365퍼센트 성장해 전체 차량 판매에서 현대·기아차를 바짝 쫓아오고 있다. 이에 반해 같은 기간 현대·기아차 전기차 판매량은 3만 8457대로 전년 동기 대비 11퍼센트 성장하는 데 그쳤다. 현대차는 보조금 지급 조건이 예외적으로 인정받는 렌트나 리스 분야의 비중을 늘리며 대응했지만 기아차는 오히려 26.4퍼센트의 하락을 맛봤다. IRA 세액 공제 혜택을 받지 못해 올 1분기부터 EV6, 니로EV 등 대표 차량의 판매가 꾸준히 감소한 것이다. IRA로 인한 가격 경쟁력 하락이 한국 기업에게 상당한 효과를 미치고 있음에도 불구하고 그나마 현대차그룹이 선방하고 있는 것으로 풀이된다.

한편 미국 에너지부는 2023년 6월 테슬라 모델3(기본 트림)가 IRA에서 규정한 부품 제조 규정, 배터리 광물에 대한 두 가지 조건을 모두 만족했다며 7500달러의 전기차 보조금 전액을 수령한다고 밝혔다. 흥미로운 사실은 테슬라 모델3에는 중국 CATL이 만든 배터리가 장착됐다는 점이다. 완성차와 배터리 업계에선 중국을 글로벌 공급망에서 배제하기 위해 만든 IRA가 무용지물이 됐다는 평가가 나온다.

그와 동시에 현실적으로 중국을 완전히 배제하기 어려운 상황에서 미국 전기차 관련 산업 육성과 일자리 창출 등을 위해 미국 주 정부에서 이에 대해 일정 부분 눈감아 주고 있다는 분석도 있다. 특히 미국 주 정부의 인센티브가 IRA의 우회로 역할을 하고 있다는 분석이다.

이를 뒷받침하는 근거는 다양하다. 2023년 2월 포드와 중국 CATL은 미국 미시간주에 35억 달러를 투자해 전기차용 LFP 배터리 공장을 설립하겠다고 발표했다. 당시 포드는 해당 공장이 일반적인 합작 투자 방식이 아닌 포드의 100퍼센트 자회사가 될 것이며 CATL은 기술 지원만 하고 로열티를 받을 것이라고 밝혔다. 즉, 포드의 미시간 공장은 실질적으로 중국 CATL와 합작 공장이지만 형식적으로는 포드의 100퍼센트 자회사이므로 IRA의 보조금을 받을 수 있는 것이다. 또한 미국 오토모티브뉴스에 따르면 해당 공장이 미시간주 정부로부터 보조금과 세면 감면 혜택을 받는다면 그 규모는 총 17억 달러에 달한다. 총투자액의 절반에 달하는 수준이다. 포드로서는 만약 IRA 보조금을 받지 못하더라도 주 정부의 거액의 인센티브를 챙길 수 있으므로 CATL과의 합작 투자를 진행하는 것이 이롭다고 판단했을 수 있다. 물론 포드가 2023년 9월 이 계획을 전면 중단하며 사태는 일단락됐다. 그 배경에는 전미자동차노조(UAW) 파업을 견제하기 위한 수단이라는 분석도 있지만 미국 공화당의 압력이 작용했다는 얘기도 있다.

사실 미국 주 정부가 중국을 공급망에서 배제하려는 바이든 행정부와 배치되는 정책을 펼치면서 막대한 인센티브까지 제공하는 이유는 명확하다. 미국 내에서 일자리를 창출하고 지역 경제에 기여하는 전기차 배터리 공장 유치 경쟁이 점차 치열해지는 중이기 때문이다. 특히 미시간에 본사를 둔 포드는 SK온과 114억 달러 규모의 배터리 합작 공장 부지로 켄터키주와 테네시주를 택했다. 그 외에 인디애나, 오하이오, 애리조나, 택사스 등이 배터리 공장 유치에 뛰어들면서 각 주 정부의 인센티브는 점점 커지고 있다.

CATL도 이런 상황을 십분 활용해 포드에 이어 테슬라와도 손잡고 텍사스주에 배터리 공장 설립을 추진하고 있다. 포드와 같은 방식으로 테슬라가 공장 지분 100퍼센트를 소유하고 기술 제공에 따른 로열티를 받는 형태로 진행될 것으로 전망된다. 또 다른 중국 5위의 배터리 기업인 고션하이테크도 2022년 10월 미시간주에 23억 달러를 투자해 양극재 15만 톤, 음극재 5만 톤을 생산할 수 있는 공장을 설립하겠다고 밝혔고 2023년 9월에도 일리노이주에 20억 달러를 투자해서 배터리 공장을 내년까지 완공할 계획이라고 발표했다.

이렇듯 IRA은 중국 기업의 미국 진출을 막고자 만들어졌음에도 불구하고 여러 미국의 완성차 업체가 중국 배터리 기업과 편법적인 형태로 합작을 시도하면서 한국 기업들만 IRA의 불이익을 피하지 못하고 있다.

물론 미국 완성차와 중국 배터리 기업의 합작 공장은 아직 승인이 끝나지 않은 상황이다. 지난 7월 미국 하원의 세입 위원회와 중국공산당특별위원회는 공동으로 서한을 발표하고 포드와 CATL의 합작 배터리 공장 문제를 조사 중이라고 밝혔다. 포드의 공장 설립이 무산됐듯 다른 공장 역시 설립 계획을 철회할 수 있다.

IRA을 편법적으로 우회하는 미국-중국의 합작 공장이 계속 생겨난다면 당연히 한국 전기차와 배터리 업계에 부정적인 영향을 끼칠 수밖에 없다. 이에 한국 입장에선 중국의 실질적인 투자가 이뤄지지 않도록 범정부 차원의 노력이 요구되는 상황이다. IRA 시행 초기에는 중국 외에서 광물을 확보해야 하는 부담에도 불구하고 CATL 등 중국 경쟁사의 입지가 좁아서 한국 배터리 기업이 반사 이익을 볼 것으로 기대했으나 중국 기업들의 우회 경로가 속속 뚫리는 상황이 계속된다면 한국 기업의 위기감은 더욱 커질 것이다.

그러나 IRA 규제는 한국에 위기인 동시에 기회다. IRA와 더불어 2023년 4월 미국 정부는 2032년까지 전체 신차 판매의 67퍼센트를 전기차로 만들겠다는 청사진을 발표했다. 판매 차량의 배출 가스 한도를 제한하겠다는 뜻이므로 미국 자동차 업체들도 이에 따라 전기차 비중을 높여 갈 수밖에 없는 상황이다. 전기차 점유율 증대가 현실로 다가옴에 따라 전기차 배터리 시장 또한 대폭 성장할 것으로 전망된다.

이에 국내 현대자동차그룹과 배터리 3사는 북미 전기차와 배터리 시장에서 우위를 확보하기 위해 현지 생산 거점을 공격적으로 확장하는 중이다. 북미에서 최종 조립된 전기차가 아니면, 그리고 일정 비율 이상의 광물과 부품이 북미 등의 지역에서 생산된 배터리가 아니라면 전기차 세액 공제 대상에서 배제되기 때문이다. 이 조건은 점점 강화돼 조립 조건의 경우 2029년에 100퍼센트의 비율로 확대되며, 배터리 부품 조건 역시 2024년부터 60퍼센트 이상이어야 한다. 이는 매년 10퍼센트씩 높아져 2028년 이후에는 역시 100퍼센트 충족돼야 세액 공제를 받을 수 있다.

현대차는 2022년 5월 조지아주 서배나 인근에 연간 30만 대의 전기차를 생산할 수 있는 전용 공장과 배터리셀 공장을 건설하기로 발표했고, 기아차는 멕시코 공장 증설 계획을 발표했다. 또한 현대자동차그룹은 미국에서 SK온, LG에너지솔루션과 전기차 배터리 생산을 위한 합작법인 설립도 추진 중이다.

LG에너지솔루션은 국내 배터리 3사 중 가장 먼저 북미에 진출하여 미국 미시건, 애리조나에 독자 공장을 운영 중이며 GM과 오하이오(2022년), 테네시(2023년), 미시간(2025년)에 합작 법인 설립을 추진 중이다. 스텔란티스와도 공동으로 캐나다 온타리오(2024년)에 공장을 신설하려 한다. 또한 애리조나주에 7조 2000억 원을 투자해 배터리 공장을 지을 계획이며, 이는 단일 기업으로는 최대 규모의 배터리 생산 공장이다.

SK온도 단독 투자 형태로 조지아에 1·2공장을 가동 중이며 포드와 합작 법인으로 세운 블루오벌SK가 테네시, 켄터키에서도 2025년 양산 목표로 공장을 설립하고 있다. 삼성SDI는 아직 북미에 가동 중인 공장은 없으나 스텔란티스와 공동으로 배터리 생산 공장을 2025년 건설 예정이며, 미시간주에 GM과 합작으로 2026년 추가 증설할 예정이다.

미국 에너지부(DOE)의 발표에 따르면 2025년까지 미국 내 건설 예정인 대규모 배터리 생산 공장 13개 중 11개가 국내 배터리 3사에 의해 추진되고 있다. 해당 기업들은 모두 미국 주요 완성차 기업인 GM, 포드, 스텔란티스와 조인트벤처 형태로 진출하고 있다. 컬리어스Colliers 리서치 보고서에 따르면 2023년 기준으로는 테슬라에 납품하는 파나소닉이 현재 북미 전기차 배터리 시장 점유율 1위를 차지하고 있으나 2025년 국내 배터리 3사의 북미 현지 공장이 완료되면 미국 내 한국 기업들의 배터리 시장 점유율은 69퍼센트까지 증가할 것으로 예상했다. 만약 IRA가 신설되지 않았다면 단기간 전기차 관련 한국 기업들이 공격적인 북미 투자가 이뤄지긴 쉽지 않았을 것이라는 분석이다. IRA로 당장 받지 못한 세제 혜택 보조금과 미래에 대한 위기감이 오히려 북미 시장을 적극적으로 공략하게 된 원동력이 됐다고 볼 수 있다.

IRA은 한국에 또 다른 기회도 만들어 주고 있다. 살펴본 바와 같이 한국이 적극적으로 북미에 진출 중이고 중국 기업도 미국과 합작 법인 등으로 IRA의 우회 경로를 탐색하고 시도하는 가운데 다른 선택지를 모색하는 기업들이 생겨나고 있기 때문이다. 곧바로 북미로 진출하기보다 한국 공장 설립으로 우회 방향을 잡는 경우다.

블룸버그 통신은 중국 기업들은 IRA이 규제를 우회하기 위해 한국 배터리 산업에 투자하는 중이라고 보도했다. 2023년 상반기에만 중국 회사들은 한국 파트너들과 신규 배터리 공장 다섯 곳에 5조 1000억 원 투자를 발표했다. 2023년 3월에 SK온은 중국 거린메이格林美와 배터리 소재 생산을 위한 합작 투자를 발표했다. 거린메이는 폐배터리 처리 및 산화코발트·전구체 생산 기업으로 글로벌 시장 3위 규모의 리튬이온 배터리 양극재용 전구체를 생산하는 기업이다. 글로벌 1위의 코발트 생산 기업인 중국 화유코발트华友钴业도 LG화학, 포스코퓨처엠과 새만금 국가 산업 단지, 경북 포항 등에 니켈·전구체 생산 라인을 짓기로 했다. 글로벌 1위 전구체 전문 기업인 중국 CNGR中伟도 포스코홀딩스와 1조 5000억 원 규모의 니켈 생산 공장 라인을 신설하는 합작 투자를 발표했다. 여기에 추가로 중국 양극재 기업인 닝보 론베이宁波容百는 이미 지난 7월 한국 정부로부터 공장 설립 허가를 받았다고 발표하며 연간 8만 톤에 달하는 삼원계 전구체를 생산할 계획이다.

이는 모두 미국 시장에 접근하는 관문으로 한국 기업을 이용하려는 목적이다. 이들은 한국에서 전기차 배터리 소재를 제조해 한국 배터리 3사인 LG에너지솔루션, 삼성SDI, SK온에 공급한다. 완성된 배터리는 다시 GM, 테슬라, 폭스바겐 등의 전기차에 장착된다. 이렇게 미국 완성차 기업에 최종적으로 수출되면 IRA에 따른 세금 감면 혜택을 누릴 수 있으며 덤으로 한미 FTA의 혜택도 받을 수 있다. 물론 중국은 한국뿐 아니라 미국과 FTA를 맺은 캐나다, 호주, 칠레, 모로코 등 국가들과 광물을 바탕으로 자원 협력을 진행하고 있기도 하다.

한국 기업이 중국의 속내를 알면서도 이런 합작을 진행하는 이유는 명확하다. 중국은 전기차 배터리 소재 공급망의 많은 부분을 장악하고 있기 때문이다. 이미 광물 및 소재 부품의 많은 부분을 중국에 의존하고 있어 한중 합작 투자가 국내 기업에 이익이 될 것이라는 전망이다. 다만 미국이 향후 한중 합작 법인을 규제할 가능성 역시 배제할 수 없는 상황이다. 다만 배터리 관련 안정적인 공급망 구축 차원에서 중국과의 합작은 실보다는 득이 클 것으로 보인다.

2023년 8월 로이터통신에 따르면 배터리 기업뿐만 아니라 KG모빌리티 같은 완성차 기업도 비야디와 손잡고 전기차 배터리 합작 공장을 설립하고 있다. 만약 이 방안이 현실이 된다면 한국 완성차 업체가 중국 배터리사와 함께 한국에 공장을 세우는 최초 사례가 된다. 이에 앞서 비야디는 2021년 KG모빌리티와 기술 업무 협약을 체결한 바 있다. 2023년 9월에 발표한 KG모빌리티의 전기차 토레스 EVX가 각종 세제 혜택과 보조금을 적용했을 때 3000만 원대로 현격히 가격이 낮아진 이유는 바로 비야디의 LFP 배터리를 탑재했기 때문이다. 참고로 테슬라 역시 한국에 2023년 7월부터 시판 중인 모델Y 후륜 구동 모델도 중국 CATL의 LFP 배터리를 탑재해 기존 삼원계 배터리 탑재 모델에 비해 무려 2000만 원가량 가격을 낮춰 5499만 원에 판매 중이다. 저렴한 가격이지만 최대 주행 거리가 511킬로미터에서 350킬로미터로 줄어든 것은 아쉬운 점이다. 일련의 상황을 보면 중국 LFP 배터리의 점유율 확대는 이미 잠재적 위험이 아닌 현실이다.

앞서 살펴봤듯 삼원계 배터리 제조 기술은 한국이 앞서지만 LFP 배터리 제조 기술은 중국이 지금까지 주력했던 분야인 만큼 중국이 앞서 있다. 따라서 중국의 LFP 배터리 관련 공장이 한국에 설립된다면 이와 관련된 기술력을 확보할 수 있는 계기가 될 수도 있다.

중국도 미국 IRA 규제에 맞서서 원자재(희토류 등) 수출 규제로 맞불을 놓는 상황이므로 미국과 중국 사이에 낀 한국 배터리 기업은 IRA 규제를 피하기 위한 중국의 우회적 전략을 현명하게 이용하는 동시에 공급망 다변화를 꾀할 수밖에 없는 상황이다.

에필로그　　　　2024, 비야디의 새로운 공세

비야디를 비롯한 중국 자동차 회사들은 중국 내수 시장에서 쌓은 가격 및 품질 경쟁력을 바탕으로 이미 한국을 비롯한 글로벌 시장으로 진출하고 있다. 중국은 아직 한국 승용차 시장에서 뚜렷한 성과를 나타내고 있진 않지만 전기 버스 시장에서는 이미 점유율을 크게 높여 가고 있다. 국토교통부에 따르면 버스가 대다수를 차지하고 있는 '전기 승합차' 부문에서 2022년 외산차 신규 등록 비율을 무려 41.9퍼센트에 달했다.

과거 2020년 중국 선전 무역관에서 근무할 당시 비야디에서 코트라KOTRA를 초청한 이유도 여기에 있다. 비야디 전기 버스를 한국에 수출 시 배터리 제조 방식이 달라서 한국의 전기차 보조금 혜택을 누리기 어려운 점에 대한 지원 요청이었다. 한국은 삼원계 배터리를 탑재한 차량에만 보조금을 지급하고 LFP 배터리 장착 차량에는 보조금을 주지 않았기 때문이다. 당시는 비야디에 납품을 희망하는 한국 기업이 많아서 비야디와 우호적인 관계가 필요한 상황이었음에도 불구하고 이는 코트라의 업무 범주를 넘어서는 일이라고 난색을 표하며 중국 전기 버스의 대규모 한국 진출에 대해 고심했던 기억이 있다.

당시의 우려는 현실이 됐다. 중국산 전기 버스 점유율은 2019년 24퍼센트에서 2020년 33퍼센트, 2021년 38퍼센트, 2022년 40퍼센트대로 매년 빠르게 늘고 있다. 2023년 운행 중인 전기 버스 중에서도 중국산이 무려 32.1퍼센트에 달한다. 2023년 7월 기준 전국에서 운행 중인 전기 버스 6641대 가운데 중국산은 2135대다. 2023년 기준으로 대중교통 이용 시 보이는 생소한 브랜드는 대부분 중국산이다.

중국산 전기 버스는 비야디, 하이거, 킹롱, 조이롱 등 열 개에 달하는 반면, 한국의 전기 버스 제조사는 현대차와 우진산전, KGM커머셜(구 에디슨모터스) 등 세 개 업체에 불과하다. 이마저도 KGM커머셜은 기업 회생 절차 이후 이제 KG모빌리티에게 인수돼 24년 하반기까지는 생산이 제대로 이뤄지지 않을 예정이다. 수요에 비해 현대차와 우진산전의 생산량이 턱없이 모자른 것이 중국 전기 버스 점유율이 크게 높아진 이유 중에 하나다. 물론 중국 전기 버스의 가격은 평균 2억 원대로 국산 전기 버스에 비해서 약 1억 원가량 저렴한 것도 큰 이유다.

현재 비야디는 한국 시장에서 전기 지게차, 전기 트럭, 전기 버스 등 상용차 분야에 진출해서 활발한 영업 활동을 펼치고 있다. 아직까지는 상용차 분야에 그 범위가 국한돼 있으나 시장 상황을 봐서 한국의 소비자를 대상으로 승용차 분야에도 진출할 것으로 예상된다.

비야디는 아직까지 내수형 기업이라는 꼬리표를 떼지 못하고 있지만 내수 시장에서의 성공을 바탕으로 글로벌 시장 진출에 대해 지금보다 많은 역량을 집중할 것이다. 전기차 보조금 정책이 중단된 2024년이 비야디 해외 진출의 원년이 될 가능성이 크다.

비야디 공식 사이트에 따르면 비야디 전기차는 이미 유럽, 아시아태평양, 남미, 중동 등 70여 개 국가와 지역에서 판매되고 있다. 2023년 상반기 기준으로 비야디의 아토3 모델이 태국과 이스라엘에서 전기차 판매량 1위를 차지했을 정도로 이미 성과는 나타나고 있다.

비야디는 동남아에서 태국과 베트남에서 생산 공장 설립을 추진 중이며 남미에서도 브라질에 생산 공장을 지을 예정이다. 인도에서는 2030년까지 점유율 40퍼센트를 달성하겠다는 목표를 세웠다. 일본 주간지 〈닛케이비즈니스〉는 비야디가 홈그라운드를 뛰어넘어 반세기 넘게 일본 완성차 기업이 생산 체계를 구축해 온 동남아 지역에서도 인기를 높여 가고 있다며 위기감을 드러냈다.

유럽에서도 메르세데스 벤츠와 합작으로 만든 덴자라는 고급 브랜드를 내세워 현지 시장 공략을 시작했다. 전기차 시장은 중국 다음으로 유럽이 큰데, 유럽에서 중국산의 시장 점유율이 8퍼센트에 그치고 있어 시장은 비야디의 확장 여지가 크다고 보고 있다. 지난 9월 IAA 모빌리티쇼에서 비야디는 덴자의 승합자 D9 모델을 선보이며 호평을 이끌어 냈다.

다만 비야디에게 미국 시장은 여전히 어려운 과제이자 미지의 영역이다. 2023년 6월 주주 총회에서 비야디 왕촨푸 회장은 IRA 때문에 미국에 진출할 계획이 없다고 밝힌 바 있다. 그러나 전기차가 세계적인 스탠다드로 자리잡게 되면 언젠간 글로벌 자동차 기업의 진검승부가 펼쳐지는 미국에도 진출할 것으로 전망된다.

　　2023년 9월 대만 시장 조사 업체 트렌드포스가 발표한 자료에 따르면 2023년 8월 판매량 기준 비야디는 27만 4000대를 판매해(1~8월 누적 179만 2000대) 글로벌 자동차 판매 세계 4위에 오르는 기염을 토했다. 탄탄한 내수 시장을 바탕으로 해외 진출에 속도를 내면서 신에너지 차량만으로 내연 기관 차량을 포함한 글로벌 자동차 시장에서 선두권에 진입한 것이다. 1위 도요타(9.8퍼센트), 2위 폭스바겐(6.5퍼센트), 3위 혼다(4.9퍼센트)에 이어 4.8퍼센트의 점유율을 보인 것인데 현대차는 4.3퍼센트, 포드는 4.2퍼센트를 기록했다. 3위인 혼다와의 격차는 0.1퍼센트포인트에 불과했다.

　　2022년 186만 대를 판매한 비야디는 2023년 300만 대의 판매 목표를 세웠고 이미 상반기에 125만 5000대를 판매했다. 비야디 공시에 따르면 2023년 9월까지 누적 판매량은 전년 동기 대비 76.2퍼센트 증가한 208만 대로 나타났다. 그리고 12월까지 누적 판매량은 302만 4400대를 기록하며

2023년 판매 목표인 300만 대를 초과 달성했다.

흥미로운 사실은 2023년 들어 비야디를 필두로 중국의 신에너지 차량 수출이 급증하며 전체 판매를 견인하고 있다는 점이다. 2023년 9월까지 중국의 신에너지 차량 수출은 82만 5000대를 기록해 3분기 만에 이미 2022년 총 수출 물량인 67만 대를 크게 넘어섰다. 비야디는 2023년 총 24만 대를 수출하며 전년동기 대비 334퍼센트 큰 성장세를 보였다.

SNE리서치에 따르면 2023년 1~12월 글로벌 전기차용 배터리 점유율에서도 비야디는 CATL의 36.8퍼센트에 이어 15.8퍼센트를 기록하여 직전 해 3위에서 2위로 올라섰다. 같은 기간 LG에너지솔루션은 13.6퍼센트, SK온은 4.9퍼센트, 삼성SDI는 4.6퍼센트의 점유율을 기록했다. 비야디 차량 판매가 전년 대비 급증하는 상황에서 비야디 배터리의 점유율 향상은 당연한 결과로 보인다. 한국 배터리 3사의 합계 점유율은 23.1퍼센트로 약 1퍼센트포인트 줄어들었다. 반면 중국은 CATL, 비야디, CALB, EVE 등 총 6개사가 글로벌 10대 배터리 업체에 포함됐으며 이들의 합계 점유율은 63.5퍼센트에 달했다. 중국이 전 세계 배터리 시장의 60퍼센트 이상을 차지하고 있는 것이 현실이다.

한편 2022년 131만 대를 인도한 테슬라는 2023년 180만 대를 판매 목표로 세웠다. 상반기에 93만 5000대를 판매했고 3분기까지 132만 4000대 판매량을 달성했으며 12월까지 184만 6000대를 판매하여 비야디와 마찬가지로 2023년 판매 목표를 초과 달성했다.

이제는 어떠한 통계와 데이터를 봐도 비야디가 이미 전기차 기업인 테슬라뿐만 아니라 현존하는 모든 글로벌 자동차 브랜드를 위협하는 메기 같은 존재가 되어가는 중인 점을 부인할 수가 없다.

현대차도 이미 한국의 전기 버스 분야에서 비야디를 비롯한 여러 중국 기업에게 빼앗긴 점유율이 뼈아플 것이다. 한국 소비자가 갖고 있는 중국산 자동차에 대한 반감과 막연한 불안감으로 인해 아직 승용차 부문에는 중국의 그림자가 드리워지지 않았지만 방심한다면 위기는 언제든 닥칠 수 있다.

특히 2024년을 기점으로 중국 전기차 수출이 폭증할 것으로 예상된다. 중국과 지리적으로 인접한 한국에는 현대자동차그룹이라는 강력한 국산 브랜드가 있지만 그렇다고 비야디도 진출을 포기하진 않을 것이다. 머지않은 미래에 비야디 승용차가 한국에서도 발매될 것이다. 이미 2024년 하반기부터 한국에 비야디 승용차가 시판될 것이라는 기사가 자주 나오고 있다. 최선의 방어는 공격이라고 했던가? 현대차의 중국 시장에서의 선전이 한국 내수 시장을 지키는 방파제 역할을 할 수도 있지 않을까 기대한다.

주

1 _ 그룹사로 따지면 비야디의 판매량은 아직 상치, 이치, 동평, 광치, 창안 그룹에 못 미친다. 이유는 이 그룹사들은 오랜 기간 다양한 외자 기업과 합자한 여러 브랜드를 가지고 있기 때문이다. 상치 그룹만 해도 폭스바겐, GM 등과 합작한 여러 기업을 거느리고 있다.

2 _ 본서에서 신에너지 차량은 중국 기준으로 순수 전기차(BEV), 플러그인 하이브리드(PHEV), 수소전기차(FCEV) 등을 포함한다.

3 _ 深圳新闻网, 〈央视30分钟揭秘"深圳蓝"〉, 2021.6.7.

4 _ 침투율이란 기존 시장에서 새로운 브랜드, 제품 및 서비스가 진출했을 때 확보한(이를 한 번이라도 이용한) 이용자의 비율을 말한다.

북저널리즘 인사이드

비야디가 다닌
길 위에서

비야디는 낯설고도 조용한 기업이다. 인지도 면에서 아직 테슬라를 이길 수 없다. 내수용 이미지가 강한 중국 기업인 데다가, 테슬라처럼 개성 있는 차를 만들지도 않는다. 반면 그들이 내세우는 숫자는 고요하지 않다. 비야디는 2023년 세계에서 가장 가치 있는 글로벌 브랜드 TOP10에 이름을 올렸다. 100억 달러가 넘는 브랜드 가치를 인정받아 자동차 부문 상위 10위 안에 드는 유일한 중국 자동차 제조업체로 선정됐다. 낯설지만 조용하게, 또 거대하게 커 온 브랜드가 바로 비야디다.

비야디는 2023년 연간 판매 목표 300만 대를 달성하며 2년 연속 글로벌 친환경차 1위 자리를 차지했다. 확장세가 무섭다. 해외 수출의 경우 전년 대비 334.2퍼센트 증가한 24만 2765대를 기록했고, 여섯 개 대륙과 70개 이상의 국가에 진출했다. 반면 테슬라의 2023년은 그리 밝지 않았다. R&D 전문 기업 울프럼 리서치는 테슬라의 2023년 3분기 실적 품질에 0점을 줬다. 2023년 한 해 동안 테슬라는 180여만 대의 차를 팔았다. 비야디 판매량의 절반을 겨우 넘긴 수준이다.

비야디는 어떻게 조용하고 거대하게, 또 튼실하게 성장할 수 있었을까? 시대의 흐름이 비야디의 약진을 도왔다. 신에너지 차 수요가 꾸준히 증가하면서 전기차 판매량이 사상 최다를 기록했고, 비야디가 판매량 1위 지위를 굳힐 수 있었다. 그러나 시대는 사실 성공 요인 중 하나에 불과하다. 우리 모두는 같은 시대를 산다. 시대의 동일성을 뛰어넘어 비야디가 1위 자리에 오를 수 있었던 건, 그들이 수많은 경로에 부딪히고, 선회하고, 미래를 개척했던 덕분이었다.

비야디는 경로와 경험이 있는 브랜드였다. 배터리 사업을 토대로 전기차로 확장할 수 있었고, 자동차에 중국 문화를 결합해 내수 시장의 호응을 얻었다. 필요하다고 판단한다면 카피캣을 자처해 경쟁할 수 없었던 경쟁사의 모델을 본인들의 얼굴로 만들기도 했다. 무엇보다 이들에게 배터리 사업이라는 과거의 분야는 전기차로 가기 위한 과정, 내지는 길목이 아니었다. 이곳저곳에서 쌓은 다양한 경험은 전기차 사업 자체에서도 코어의 자리를 꿰찼다. 배터리에 미쳐 있던 인간 왕촨푸는 하나의 중심 코어를 두고 다양한 곳으로 사업을 확장하는 데 능했다. 세계 여행을 좋아하는 장인과 같은 면모다.

상상하지 못했던 경로와 경험들이 비야디를 도로로 쏟아냈다. 머지않아 비야디의 승용차가 한국의 길거리에서도 적잖게 보일 날이 다가올 것이다. 비야디의 길에서 얻을 수 있는 인사이트는 단순한 경제적 가치, 숫자만이 아니다. 아직 도착하지 않은, 목적지로 가는 과정에 있던 코어와 확장, 무엇보다 그들의 경험이다.

김혜림 에디터